KB237624

마케팅
리더십

마케팅 리더십

1등 마케팅에서 배우는 리더의 12가지 전략

초판 1쇄 인쇄 | 2005년 11월 1일
초판 1쇄 발행 | 2005년 11월 11일

지은이 | 곽준식
펴낸이 | 심만수
펴낸곳 | (주)살림출판사
출판등록 | 1989년 11월 1일 제9-210호

주소 | 413-756 경기도 파주시 교하읍 문발리 522-2
전화 | 영업 031)955-1350 기획 031)955-1370~2
        편집 031)955-1362~3
팩스 | 031)955-1355
e-mail | salleem@chol.com
홈페이지 | http://www.sallimbooks.com

* 잘못된 책은 구입하신 서점에서 바꾸어 드립니다.
* 저자와의 협의에 의해 인지를 생략합니다.

값 11,000원

마케팅 리더십

1등 마케팅에서 배우는
리더의 12가지 전략

곽준식 지음

살림

탁월한 리더가 되려면 마케팅 천재가 되라

21세기 경영 환경에서 기업이 살아남는 데에는 다 이유가 있다. 장수 기업 혹은 인물이 단지 시장에 최초로 런칭한 블루오션 상품이라서 오랫동안 살아남은 것이 아니다. 그들은 극심한 환경 변화와 그 위기 상황에 대해 적절히 대처하고 스스로 미래 환경을 예측, 혁신과 변화를 시도했기 때문이다.

저자는 본래 광고쟁이였다. 그러다 기업의 치열한 전쟁터인 마케팅 세계에 푹 빠져 아예 보따리를 싸고 학교로 들어가 이론적 지식을 쌓았다. 실무와 이론을 공부한 만큼 저자가 마케팅을 통해 세상을 바라보는 눈썰미도 독특하고 기발하다. 평소 그가 '마케팅은 선택으로 이끄는 마술choice magic이다' 라고 강조했듯이 성공적인 마케팅 사례를 주의 깊게 들여다본 결과 성공하는 리더에겐 반드시 특별한 전략이 있음을 발견했다. 바로 '마케팅 리더십' 이다.

이 책은 세계에서 또는 국내에서 또는 후삼국 시대로부터 최첨단 하이테크 시대를 모두 아울러서 성공한 마케팅 사례를 집중 분석하여 리더에게 필요한 전략을 12가지로 추출했다. 공격 전략도 있고 수비 전략도 있다. 또한 리더가 되기 위한 시장선점 전략도 있고 리더로 끝까지 살아남는 전략도 있다. 특히 골리앗을 상대로 성공 신화를 일궈낸 마케팅 전략을 소개하면서 자신만의 강점으로 승부수를 건 이야기들은 바로 이 시대의 직장인들과 일반인들에게 시사하는 바가 크다.

가령 리더가 될 수 있었던 전략 중 한 예를 들어보자. '경쟁자의 강점을 공격하라' 는 우선 강점을 공격해야 하는 이유를 그는 '타자와 투수' 일화를 들어 설명한다. 옛날에 몸 쪽 공을 매우 잘 치는 홈런왕이 있었다고 한다. 그 타자에게 유난히 강했던 투수가 은퇴를 하면서 그 비결을 밝혔다.

"그 선수의 약점은 바로 몸 쪽입니다. 그는 상대팀 투수가 바깥쪽 공으로 승부할 거라 예상하고 준비하기 때문에 투수가 바깥쪽 공을 던지면 잘 칠 수밖에 없습니다. 그래서 전 마지막을 항상 그의 강점인 몸 쪽으로 공을 던졌고 이를 예상하지 못한 그 선수는 항상 내게 당할 수밖에 없었습니다."

이 책의 강점은 성공적인 마케팅의 원칙들을 리더의 성공 전략으로 접목시켰다는 점이다. 가령 기업이 시장에서 그러하듯 개인도 자신의 고객을 설정하고, 지지자를 만들고 네트워크를 강화하면서 자신의 포지션을 구축하는 일련의 과정을 간결하면서도 명쾌하게 제시하고 있다. 그래서 읽다보면 고개를 끄덕이며 경탄하고, 때로는 혀를 내두르기도 할 것이다. 그러다 그 치열한 마케팅 세계의 두뇌 싸움과 전략을 이해함으로써 이 흥미진진한 삶의 전쟁터에서 니의 경쟁력을 강화해야 할 구체적 동기가 생길 것이다. 마지막 장을 덮을 즈음이면 리더로서 포지셔닝할 수 있는 나 자신의 효과적인 마케팅 전략도 생각해볼 수 있을 만큼 세상을 향한 내 시야가 한층 더 넓어져 있음을 발견하게 될 것이다. 특히 앞으로 이 치열한 경쟁사회에서 리더를 꿈꾸거나 현재 리더로서의 자리를 빼앗기지 않고 살아남기를 원하는 사람에게 일독을 권한다.

『한국형 마케팅 불변의 법칙 33』 저자 **여준상**

성공한 리더에게는 뭔가 특별한 마케팅이 있다

기업이 있는 곳은 전쟁터와 마찬가지다. 그래서 시장은 리더의 선제공격, 후발주자의 역습, 리더의 방어가 끊임없이 일어나는 매우 역동적인 공간이다. 이런 역동적인 공간에서 살아남는 방법은 결국 어떤 전략으로 공격과 방어를 효과적으로 하느냐에 달려있다. 우리가 생활하고 있는 이 세상도 크게 다르지 않다. 치열한 생존 경쟁에서 승리하여 리더가 되는 것은 모든 사람의 꿈일 것이다.

이 책이 흥미로운 점은 지금까지 기업을 중심으로 다루어온 마케팅 전략을 개인 영역으로 확장했다는 점이다. 그는 이 책에서 20명 이상 이 시대 리더들의 핵심 전략을 분석하였다.

고려시대의 광종에서부터 오늘날 우리가 이름만 들어도 아는 경영인, 예술인, 정치인, 산악인까지 그 범위를 확대하여 기업의 전략과 개인의 전략을 융합, 설명함으로써 마케팅을 모르는 사람도, 기업 전략에 관심이 적은 사람도 쉽게 읽을 수 있도록 독자들을 배려하고 있다.

이 책을 읽는 동안에 독자는 기업의 마케팅 세계를 통해서 리더의 공격 전략과 수비 전략을 알게 되고 이를 바탕으로 리더가 되는 법과 리더로 남는 법에 대해서도 자연스럽게 익힐 수 있을 것이다. 또한 기대이론prospect theory, 진실성효과truth effect, 구성효과framing effect 등 우리의 일상생활과 밀접한 소비자 심리 이론과도 만날 것이다.

이 책은 최근 주목을 받고 있는 개인 브랜드 성공 전략에 대한 폭넓은 지식을 주는 것은 물론이고 리더가 되기 위해 자신이 어떻게 해야 하는지에 대한 가이드도 제시해줄 수 있을 것이다.

리더가 되는 법과 리더로 남는 법에 관심이 있는 독자들에게 이 책을 권한다.

『개인 브랜드 성공 전략』 저자 **신병철**

경쟁자의
강점을 공격하라

몸 쪽 공을 매우 잘 치는 홈런왕에게 유난히 강했던

투수가 은퇴를 하면서 밝힌 그 비결은

바로 **경쟁자**의 **강점**을 **공격**하는 것이다.

 ## 왜 **경쟁자의 강점을 공격**해야 하는가?

야구 경기를 보다보면 투수와 타자의 밀고 당기는 신경전을 흔히 볼 수 있다. 짧은 순간에도 투수와 타자는 여러 가지 경우의 수를 떠올린다. 따라서 타자가 예측한 방향으로 투수가 공을 던지면 안타를 칠 확률이 높고, 타자가 예측하지 못한 방향으로 공이 오면 아웃될 확률이 높다.

옛날에 몸 쪽 공을 매우 잘 치는 홈런왕이 있었다고 한다. 그래서 상대팀의 투수들은 그와의 대결에서 승리하기 위해 모두 바깥쪽을 공략하는 전략을 썼다. 그러나 그러한 전략은 별로 효과적이지 않았다. 훗날 그 타자에게 유난히 강했던 투수가 은퇴를 하면서 자신이 그 타자에게 강했던 이유를 밝혔는데, 우리에게 시사하는 바가 크다.

"그 선수의 약점은 바로 몸 쪽입니다. 몸 쪽 공에 자신이 있던 그는 몸 쪽으로 유인구를 던지기만 하면 방망이를 휘둘렀습니다. 물론 유인구를 던졌으니 그는 항상 헛치기 일쑤였지요. 오히려 그는 상대팀 투수가 바깥쪽 공으로 승부할 거라 예상을 하고 준비했기에 바깥쪽 공을 더 잘 치는 건 당연한 일이지요. 그래서 전 마지막을 항상 그의 강점인 몸 쪽으로 공을 던졌고 이를 예상하지 못한 그 선수는 항상 내게 당할 수밖에 없었습니다."

이처럼 경쟁자의 강점에서 약점을 찾아 공격해야 하는 이유는 명확하다. 자신의 강점을 공격하리라고는 생각하지 않기 때문이다. 물론 그와 같은 일은 결코 쉽지는 않지만 경쟁자의 강점에서 약점을 찾을 때 그 파괴력은 실로 엄청나다고 할 수 있다.

 ## 거대한 **골리앗**을 이긴 '**진실성** 효과'

경쟁자의 강점을 공격하는 전략은 경쟁자가 자신보다 강해 전세를 역전시키고자 할 때 효과적으로 사용할 수 있는 전략이다. 이러한 전략을 사용하여 시장에서의 열세를 만회하고 절대강자의 입장에 선 대표적인 기업이 바로 '애니콜'이다. 1989년에 휴대폰 사업을 시작한 삼성전자는 당시 글로벌 브랜드 '모토롤라'라는 거대한 골리앗과 싸워야 하는 불리한 위치에 있었다. 왜냐하면

국내 최대 브랜드인 삼성전자의 시장 점유율이 10% 안팎인 반면 모토롤라의 시장 점유율은 70%에 육박하고 있었기 때문이다.

1993년 삼성전자는 'SH-700'이라는 새로운 제품을 내놓고 대리점 사장과 SH-700 사용자들을 모델로 한 '보증인' 광고를 선보였다. 강력한 광고 캠페인과 품질우위를 바탕으로 한 이 광고로 삼성전자의 시장 점유율은 20%를 넘어설 수 있었지만 아직까지 모토롤라를 상대하기에는 턱없이 부족한 상황이었다.

애니콜의 신화는 1994년 8월을 기점으로 시작되었다. SH-700이라는 모델명에서 벗어나 본격적으로 '애니콜Anycall'이라는 브랜드를 런칭하기 시작한 삼성전자는 바로 경쟁자인 모토롤라의 강점에서 약점을 찾기 시작했다. 모토롤라의 강점이면서 약점은 무엇일까? 모토롤라의 강점은 전 세계적으로 품질을 인정받고 있는 글로벌 브랜드라는 데 있다. 그러나 이것을 다른 각도에서 보면 모토롤라는 전 세계적인 브랜드이지만 한국적 브랜드는 아니라는 사실이다.

애니콜은 바로 글로벌 브랜드가 가지고 있는 단점을 공격하기로 하고 "한국 지형에 강하다"라는 캠페인을 시작하였다. 이렇게 시작된 광고 캠페인은 모토롤라가 전 세계적인 브랜드이기는 하지만 한국 지형에는 약할 수밖에 없다는 인식을 고객들에게 심어주었고 놀랍게도 광고 캠페인을 시작한 지 1년 만에 애니콜은 시장 점유율을 52%까지 끌어올려 명실상부한 시장 리더가 될 수 있었다.

"한국 지형에 강하다"라는 애니콜의 마케팅 전략이 효과를 거두게 된 과정을 사람들의 정보처리 측면에서 살펴보면 다음과 같다. 소비자의 정보처리 이론에는 '진실성 효과truth effect'라는 것이 있다. 진실성 효과란 개인이 동일한 진술에 반복적으로 노출되어 점차 익숙해지면 그 진술을 진실로 받아들인다는 것을 말한다. 물론 동일한 이야기를 반복적으로 한다고 해서 사람들이 모두 진실로 받아들이는 것은 아니다.

이런 효과가 나타나기 위해서는 세 가지 조건이 필요하다. 첫째, 주장이 그럴듯하게 느껴져야 한다. 둘째, 검증하기 어려운 것이어야 한다. 셋째, 주장의 내용이 사람들에게 사소한 내용이 아닌 것으로 생각되어야 한다. 애니콜이 내건 "한국 지형에 강하다"라는 주장은 이와 같이 소비자가 진실로 받아들일 수 있는 조건을 갖추었다고 볼 수 있다.

# 코카, 펩시 때문에 **두 번 울다**

리더가 되지는 못했지만 경쟁자의 강점을 공격하여 리더를 위협했던 또 다른 사례가 펩시콜라다. 코카콜라는 지난 100년간 콜라시장에서 판매율 1위라는 왕좌를 한번도 내준 적이 없었다. 그러나 굳건한 아성을 지켜오던 코카콜라에도 몇 번의 위기가 있었다. 바로 펩시콜라가 코카콜라의 강점이랄 수 있는 '코카콜라 병'과 '오랜 전통'을 표적으로 두 번의 공격을 감행한 때였다.

먼저 늘씬한 미녀의 허리를 연상케 하는 코카콜라 병은 말 그대로 코카콜라의 상징이 되었다. 바로 이 점을 공격하기 위해 펩시콜라는 같은 가격에 코카콜라보다 많은 양을 담은 패키지를 선보였다. 이왕이면 같은 가격에 더 많은 콜라를 마실 수 있는 새로운 패키지를 선호하는 소비자들이 늘어나면서 코카콜라의 판매량은 점차 줄기 시작했다. 그래도 코카콜라는 병을 바꿀 수 없었다. 왜냐하면 기존의 코카콜라 병에 양을 늘리면 날씬한 코카콜라 병이 아닌 볼륨 없는 페트병이 되기 때문이다. 펩시콜라의 공격으로 코카콜라는 큰 타격을 받았지만 여전히 코카콜라는 1위를 지키고 있었다.

이후 코카콜라에 대한 펩시콜라의 2차 공격이 시작되었다. 펩시콜라는 코카콜라의 전통을 역이용했다. "코카콜라는 오래되었기 때문에 나이 많은 사람이 좋아한다"라는 인식을 확산시키기 위해 10대와 20대를 대상으로 "우리는 펩시세대pepsi generation" 캠페인을 전개하였다.

이 캠페인의 성과는 매우 놀라웠다. 코카콜라의 1/5 밖에 되지 않던 매출액이 4/5까지 육박하였다고 한다. 비록 펩시콜라는 전세를 역전시키지는 못했지만 이러한 공격이 펩시콜라 입장에서는 매우 효과적인 전략이었다.

 호족의 **강점**을 **공략**한 광종의 **노비안검법**

역사적으로 경쟁자의 강점을 이용하여 권력을 장악한 대표적인 인물이 바로 고려 3대왕인 광종이다. 태조 왕건은 후삼국시대를 통일하기 위해 호족들과의 정략결혼 정책을 펼쳤다. 호족들과의 정략결혼을 통해 연합군을 형성한 왕건은 쇠락해진 신라를 무력으로 장악하려는 견훤과 달리 신라의 자발적인 항복을 유도

해냈고 결국 후삼국을 통일하였다. 그러나 정작 문제는 통일 이후에 발생하였다.

후삼국 통일을 위해 호족의 힘을 빌었던 왕건은 전쟁에서 승리할 때마다 호족들에게 전쟁 포로들을 노비로 나누어주었다. 그러나 후삼국이 통일된 후에 이 노비들은 호족들의 사병私兵이 되었다. 이제 사병을 거느린 지방 호족들은 중앙집권체제를 꿈꾸는 왕에게는 큰 위협이 되었다. 광종은 강력한 중앙집권정치를 실현하고자 하는 야심이 강한 인물이었다. 그러나 왕의 중앙군을 능가하는 군사력을 가지고 있던 호족들을 제거하는 것은 광종에게 큰 모험이 아닐 수 없었다.

점차 광종은 자신의 정치적인 이상이 현실과의 갈등에서 지쳐갈 무렵 "쌍기"라는 인물이 나타났다(사실 쌍기라는 인물은 TV의 사극드라마를 보고 처음 알았다). 쌍기가 들고 나온 전략이 바로 경쟁자의 강점에서 약점을 찾는 전략이었다. 호족들이 거느리고 있던 사병은 호족들에게는 가장 큰 강점이지만 또한 가장 큰 약점이 된 셈이다. 즉 호족들이 거느린 사병은 전쟁에서 패하여 포로로 잡혀온 노비이기 때문에 어쩔 수 없이 호족들에게 목숨을 걸고 충성할 수밖에 없는 상황이다.

이 점을 파악한 광종은 노비안검법을 발표해 전쟁 와중에서 포로가 되었거나 빚을 갚지 못했든지, 아니면 그 밖의 강제적인 방법으로 양인에서 노비가 된 사람들을 노비신분에서 해방시켜주었다. 그러자 노비신분에서 해방된 호족의 사병들은 이제 더 이상 호족을 위해 목숨을 바칠 이유가 없어졌고 곳곳에서 호족들로부터 이탈하게 되었다. 사병이 없어진 호족은 추풍낙엽과 같은 미약한 존재가 되었고 이때 광종은 군사력을 앞세워 모든 호족들을 제압하고 고려시대의 강력한 중앙집권체제를 구축하였다.

 ## 지역 **통합**을 통한 **역세분화** 전략

2003년 총선에서 자민련이 원내 교섭 단체 구성에 실패하면서 김종필 총재는 정계를 은퇴했다. 당시 모든 신문은 '3김 시대'의 청산이라며 대서특필하였다. 박정희 정권 이후 거의 30년 이상 지속되어 온 3김 시대가 끝이 난 것이다. 혹자는 이를 두고 '지역패권주의 붕괴'의 서막이 올랐다고 평했다. 박정희 정권이 지역감정을 정치적으로 이용했다는 평가처럼 지난 30년간

우리나라의 정치세력은 지역 연고를 기반으로 활동하였다. 전라도는 김대중, 경상도는 김영삼, 그리고 충청도는 김종필 등 이처럼 3김은 각 지역을 기반으로 팽팽하게 대립하고 있었다. 문제는 특정지역을 연고로 활동했다는 데 있는 것이 아니라 이로 인해 극단적인 지역감정이 생겨났다는 점이다.

지역감정은 자신이 좋아하는 한 후보에 대한 선호에 그치지 않고 상대 후보에 대한 무조건적인 반감을 초래하여 결국 세계 유일의 분단국인 한반도 남쪽은 다시 세 개의 지역으로 나뉘어 서로 적대시하는 상황에 이르게 되었다. 한마디로 대한민국은 국민들의 선호를 바탕으로 3개의 지역으로 세분화Segmentation된 것이다.

세분시장에서의 절대적인 선호를 바탕으로 3김은 세력을 얻었지만, 필연적으로 '지역 맹주', '지역감정 심화'라는 비난을 면할 수가 없었다. 선거 때마다 지역주의의 망령이 되살아났다고 한탄을 하지만 지역을 기반으로 성장한 3김은 지역감정을 극복할 수 없다는 태생적 한계가 있었다. 이처럼 지역을 기준으로 세분화된 시장을 지역통합이라는 명분을 건 '역 세분화reverse segmentation'를 시도한 사람이 노무현이었다.

그는 자신의 정치적 소신을 펼치기 위해 1990년 3당 합당 때에는 합당을 거부하고 민주당을 창당해 대변인을 지냈다. 이후 1992년 14대 총선에서는 고향인 부산에서 출마했지만 지역 정서상 YS의 돌풍을 잠재우지 못하고 낙선하였다. 또한 1998년 15대 총선 때 종로에서 열린 보궐선거로 다시 한번 금배지를 달았고 2000년 16대 총선에 또 다시 부산에서 출마하여 지역감정을 극복하려 했지만 결국 또 한번의 고배를 마셨다. 그러나 노무현 의원의 낙선은 국민들에게 다시 한번 지역감정의 높은 벽을 느끼게 해주었고 역설적으로 정치인 노무현은 비로소 지역감정에서 자유로워질 수 있었다.

이후 노무현은 지역 통합을 가능하게 할 정치인의 이미지로 대중들에게 인식되었고, 그의 이러한 일관된 행동이 '노사모(노무현을 사랑하는 모임)' 를 탄생시켰고, 이 단체는 훗날 대통령으로 당선되는 데 결정적인 영향을 미쳤다. 결국 노무현의 지역 통합이라는 역세분화 전략은 3김의 강점을 약점으로 만들 수 있는 좋은 전략이었고, 국민통합, 지역감정 극복을 위해 일관성 있게 한 행동이 국민들에게 애니콜과 마찬가지로 진실성 효과를 유발하게 된 것이다.

2

룰Rule을 깨라

기존 리더가 만들어 놓은 틀을 깨지 않는 한 그 틀 안에서 머물 수밖에 없다.

리더가 **정해놓은 기준**을 무너뜨릴 수 있는

새로운 선택 기준을 제시해야만 새로운 리더가 될 수 있다.

 왜 **룰을 깨야** 하는가?

　우리가 살아가는 세상에는 나름대로의 기준이 있다. 그리고 우리들은 세상의 기준을 근거로 판단을 한다. 따라서 기준이 무엇이냐에 따라 판단은 달라질 수 있다. 그렇다면 그러한 기준은 누가 만든 것일까? 바로 리더가 만들어 놓은 것이다. 따라서 지금까지 리더가 만들어 놓은 선택 기준이 살아있는 한 리더를 이길 수 없다. 그렇기 때문에 리더가 정해놓은 기준을 무너뜨릴 수 있는 새로운 선택 기준을 제시해야만 내가 리더가 될 수 있다.

　심리학에서는 사람들이 판단을 할 때 "닻내림anchoring"과 "조정adjustment" 과정을 거친다고 한다. 배를 정박시키기 위해서 닻을 내리면 배는 닻을 내린 곳을 중심으로 움직인다. 따라서 닻내림은 '판단의 기준'을 의미한다. 조정이란 말 그대로 닻이 내려진 곳을 중심으로 움직이는 것을 말하기 때문에 '판단의 수정'을 의미한다. 그러나 일단 어떤 기준을 중심으로 판단을 하고 향후 조정과정을 거친다 할지라도 결국 그 기준을 벗어날 수는 없다. 따라서 기존 리더가 만들어 놓은 틀을 깨지 않는 한 그 틀 안에서 머물 수밖에 없고 리더를 이기는 길은 요원해질 수밖에 없다. 판단의 기준이 어떤 영향을 미치는

지 예를 들어 설명하면 다음과 같다.

상황 1. 쌍둥이 자녀를 둔 친구가 당신에게 "우리 쌍둥이야"
하고 사진을 보여준다.
상황 2. 아들(딸)을 둔 친구가 당신에게 "내 아들(딸)이야" 하고
사진을 보여준다.

위의 상황은 부모가 자녀의 사진을 친구에게 보여주고 있다. 이 경우 사람들은 동일한 관점에서 사진을 보게 될까? 상황 1에서 사람들은 이렇게 대답할 것이다. "야, 정말 쌍둥이라서 비슷하게 생겼네. 가만 보자. 그러고 보니 얘는 다리에 점이 있네. 얘는 없는데." 상황 2의 경우 사람들은 이렇게 대답할 것이다. "야, 아이가 아빠/엄마 닮아서 이목구비가 뚜렷하네. 이 눈 봐라. 아빠/엄마 쏙 빼닮았네." 이처럼 두 상황 모두 부모가 사진 속의 자녀 모습을 보여주고 있지만 돌아오는 반응은 다르다. 이유는 사진을 보는 관점이 다르기 때문이다. 즉 쌍둥이 자녀의 모습이 담긴 사진을 볼 때 상황 1에서 당신은 쌍둥이의 차이점을 중점적으로 보는 반면에 상황 2에서는 친구와의 공통점을 중심으로 사진

을 보게 된다.

이처럼 약간의 상황만 바뀌어도 사람들의 판단 기준은 달라지고 평가도 달라진다. 따라서 새로운 선택 기준을 제시해준다면 당신은 그 기준 체계에서 리더가 될 수 있는 것이다. 이처럼 새로운 선택 기준을 제시해주는 방법 중 하나가 새로운 영역을 개척하는 것이다. 새로운 영역이라는 무주공산無主空山을 찾는 것은 콜롬부스가 새로 발견한 신대륙에 정복의 깃발을 꽂는 것과 같다. 한마디로 무혈입성無血入城 하는 것이다. 물론 내가 찾은 영역이 무한한 잠재력이 있는 곳이라면 나는 세상의 1위가 될 수 있다. 그러나 설령 세상의 1위가 될 수 없다 할지라도 적어도 그 영역에서만은 1위가 될 수 있을 것이다. 이러한 전략은 "닭 벼슬이 될망정 소꼬리는 되지 말라"는 우리의 속담과도 일맥상통한다 할 것이다.

 ## 포털 **시장**의 치열한 시장 **쟁탈전**

새로운 영역을 개척하는 것을 마케팅에서는 "시장개발전략"

이라 한다. 이러한 전략은 브랜드 인지도와 연상association이 없는 후발주자follower가 선택하는 전형적인 전략이다. 우리나라에서 인터넷이 확산되던 초기에는 야후Yahoo가 인터넷 포털 시장을 지배하고 있었다. 당시 전 세계적으로 닷컴 열풍을 주도했던 야후의 힘은 정말로 엄청났다. 오죽하면 야후에서 일하는 안내 데스크의 직원도 백만장자라는 말이 나돌 정도로 야후의 주가는 천정부지로 치솟았고, 또 야후에 도전장을 낼 수 있는 기업은 없을 거라 확신하던 때였다.

야후의 경우에도 기존 오프라인 산업의 기준을 따르지 않고 온라인이라는 새로운 영역을 만들어 야후의 기준을 만들었기에 절대 강자가 될 수 있었다. 이때 국내에서 골리앗 야후에 과감하게 도전장을 내민 기업이 있었는데, 바로 '다음Daum' 이다. '다음' 은 골리앗 야후를 잡기 위해 '토종 포털' 이라는 새로운 영역을 개척하였다. "이순신 장군님, 야후는 '다음' 이 물리치겠습니다"라는 광고를 필두로 '토종 포탈 = 다음' 이라는 인식을 소비자에게 각인시켰고, 시장은 '외국 포털 = 야후' 와 '토종 포털 = 다음' 의 대결로 양분되었다.

얼핏 보면 이러한 전략은 앞에서 이야기했던 경쟁자의 강점에서 약점을 찾는 전략과 유사하다. 그러나 경쟁자의 강점에서 약점을 찾는 전략과 다른 점은 애니콜이 내건 "한국 지형에 강하다"라는 전략은 애니콜이 모토롤라보다 우월하다는 인식을 밑바탕에 깔고 있지만 토종 포털이라는 전략은 당시 IMF 이후 빈번하게 사용된 애국심 마케팅의 일환으로 진행되었기 때문에 야후를 능가하기보다는 야후가 독점하는 시장을 양분했다는 정도의 성과로 만족해야 했다. 비록 포털이라는 시장은 야후와 다음으로 양분되었지만 검색 엔진에서는 다음도 야후를 따라잡지 못하고 있었다. 검색 엔진은 야후가 절대적 우위에서 점령하고 있었다. 검색 엔진 시장을 빼앗기 위해 다음은 새로운 검색 엔진을 개발하는 정공법보다는 무료 메일을 통해 회원을 확보하는 우회적인 방법으로 공격하였다. 라이코스는 자신들의 마스코트를 활용하여 주제어만 치면 원하는 정보를 찾아주는 "잘 했어, 라이코스" 캠페인을 통해 야후와 맞대결을 펼쳤지만 야후를 물리치기에는 역부족이었다.

이때 새롭게 등장한 것이 바로 '엠파스empas'였다. 사람들에게 거의 알려지지 않았던 엠파스는 "야후에서 못 찾으면 엠파스"라는 도발적인 카피로 야후와의 전면전을 선포하였다. 그러나 만약 엠파스가 단순히 야후와의 비교 광고를 통해 자신의 이름을 알리는 데에만 집착했다면 그처럼 큰 성과를 얻지는 못했을 것이다. 왜냐하면 후발주자가 선발주자를 대상으로 한 비교 광고는 사람들의 이목을 끌 수 없기 때문이다. 그러나 엠파스는 단순한 비교 영역을 넘어서 새로운 차원의 정면 대결을 벌인 것이다. 바로 '자연어' 검색이다. 기존 검색 엔진이 주제어 위주의 검색이었다면 엠파스가 제시한 자연어 검색은 문장으로도 원하는 정보를 찾을 수 있다는 새로운 고객 혜택을 제시한 것이다.

예를 들어 그 전까지 '달마가 동쪽으로 간 까닭'이 궁금한 사람은 '달마'라는 주제어를 입력해야 하는지 아니면 '동쪽'이라는 주제어를 입력해야 하는지 고민했지만, 자연어 검색은 '달마가 동쪽으로 간 까닭은?'이라고 검색어를 창에 입력하면 된다. 여기서 중요한 것은 자연어 검색이 주제어 검색보다 더 정확한 정보를 찾아주는 것도 아니고, 자연어 검색이 완전히 새로운 검색 방법도 아니라는 것이다. 왜냐하면 야후, 알타비스타, 라이코스에서도 고급 검색에서 연산자를 이용하면 엠파스에서 제시한 자연어 검색과 유사한 결과가 나타나기 때문이다. 만약에 "달마가 동쪽으로 간 까닭은?"이라는 것이 궁금하다면 검색 창에 "달마+동쪽+까닭"과 같이 연산자를 활용하여 입력하면 된다. 그러나 중요한 것은 다른 검색 사이트에도 그런 기능이 있다는 사실이 아니라 자연어 검색이라는 새로운 방식을 엠파스가 개발한 것처럼 고객들이 인식하도록 만들었다는 점이다. 법정소송까지 갔던 야후와 엠파스와의 검색 엔진 싸움에서 엠파스가 야후를 누르고 리더가 되지는 못했지만 적어도 엠파스는 자연어 검색이라는 새로운 영역에서는 리더가 될 수 있었다.

엠파스와 야후와의 전쟁 이후 국내 검색 엔진 시장은 평온했다. 그러나 평화로운 국내와는 다르게 세계적으로는 '구글Google'이라는 새로운 검색 엔진이 야후를 누르고 검색 엔진 부문 1위에 오르는 이변이 벌어졌다. 야후가 커뮤니티와 상거래로 영역을 확장해갈 때 구글은 검색이라는 한 분야에 집중함으로써 결국 야후를 물리치고 검색 엔진의 왕자로 등극하였다. 구글의 성공요인이 '선택과 집중focusing'이었다면 야후의 실패는 '초점focus 확장의 오류' 때문이라 할 수 있다.

과거에도 아타리라는 일본의 비디오 게임 업체가 컴퓨터 게임으로 초점을 확장하자 닌텐도라는 업체가 비디오 게임시장을 점령하였고 컴퓨터 게임에서 실패한 아타리가 결국 비디오 게임시장에서 패하고 도산한 일이 있었다. 물론 야후가 아타리처럼 도산하지는 않았지만 자신의 진지를 이탈한 것에 대한 대가로 1위 자리를 넘겨주어야 하는 뼈아픈 경험을 해야만 했다. 국내의 경우 검색 엔진 시장에서 자신만의 새로운 기준으로 가장 큰 성과를 거둔 기업을 꼽으라면 '네이버Naver'를 들 수 있겠다. 야후와 엠파스의 대결 이후 사람들의 관심 밖으로 밀려난 검색 엔진 시장은 네이버가 '지식 검색'이라는 새로운 영역을 개척함으로써 사람들의 관심을 받게 되었고, 검색 엔진 분야에서 유독 고전을 면치 못하던 네이버에게 검색 엔진 분야 1위라는 엄청난 선물을 안겨주었다.

지식 검색으로 성공을 거둔 네이버는 '지식 쇼핑'이라는 새로운 영역도 개척하였다. 지식 쇼핑의 핵심은 '가격 비교'에 있다. 더욱 재미있는 것은 가격 비교는 인터넷 상거래가 시작된 1990년대 후반부터 미국의 '마이싸이몬MySimon 닷컴'과 국내의 '오미omi 닷컴'과 같은 가격 비교 사이트에서 제공해주고 있었던 서비스라는 것이다. 그러나 네이버는 '가격 비교'라는 단어를 '지식 쇼핑'이라는 말로 바꾸어 새로운 서비스처럼 고객에게 인식시켰고, 많은 사람들이 온라인에서 물건을 사기 전 가격 비교 후 구입하는 등 온라인 구매패턴을 바꾸는 데 중요한 역할을 하였다.

한편 엠파스는 네이버의 지식 검색에 대항하기 위해 다시 한번 야후와의 싸움에서 사용했던 비교 카드를 빼 들었다. 조류 박사 윤무부 교수를 모델로 하여 "지식인은 죽었다 깨어나도 몰라"라는 공격적인 카피를 동원하여 네이버의 지식을 공격했지만 과거 야후와의 싸움만큼 성과는 없는 듯하다. 아마도 과거 야후와의 싸움에서는 엠파스가 자연어 검색이라는 새로운 영역을 제시했지만 네이버에 대한 비교 카드는 새로운 영역에 대한 제시가 없기 때문이 아닐까?

최근 엠파스는 2005년 6월 1일부터 '열린 검색'이라는 새로운 검색 서비스를 시작하고 있다. 열린 검색은 인터넷의 모든 정보를 모아서 한꺼번에 찾아주는 검색 방식으로 '어디에 있는 정보인가'보다는 '사용자가 원하는 결과가 무엇이냐'에 초점을 맞춘 사용자 중심 검색으로 1세대 디렉토리 검색(야후), 2세대 문장 검색(엠파스), 3세대 지식 검색(네이버)에 이은 4세대 검색이라고 광고하고 있다. 현재 엠파스의 열린 검색이 네이버의 '지식 검색' 결과를 그대로 보여주자 네이버 측에서는 막대한 돈을 들여 구축한 정보를 도용한 것이라며 비난하고 나서는 등 사회적 이슈

가 되고 있다. 열린 검색이 지식 검색과 같은 혁명적 변화를 가져

올지 지켜보는 것도 매우 흥미로운 일이다.

 **죽** 쑤어 **개**에게 **먹이기**(?)

최초가 될 수 있는 새로운 영역을 개척하는 것은 기업의 생존

을 위해서 필수적이다. 사람들은 시장에 있는 모든 브랜드를 기

억할 수 없기 때문에 몇 개의 시장으로 나누어 각 영역의 리더만

을 기억하는 단순한 정보처리를 선호한다. LG텔레콤의 경우도

새로운 영역을 개발하는 일이 얼마나 중요한지를 보여주고 있

다. SK텔레콤과 KTF라는 거대 공룡의 힘에 밀려 저가 전략 이외

에는 특별한 전략이 없어 소비자의 인식에서 항상 열세였던 LG

텔레콤이 택한 것은 "모바일 뱅킹"이라는 새로운 영역이었다.

SK텔레콤과 KTF가 2004년 3월에 실시한 모바일 뱅킹을 2003

년 9월에 실시한 LG텔레콤은 '뱅크 온'의 호조로 2004년 12월에

가입자 600만 명을 돌파하였다. 뱅크 온으로 숨통을 튼 LG텔레

콤은 이후 '뮤직 온'으로 계속해서 영역을 확대하고 있다. 물론

시장을 뒤집기에는 역부족일 수 있지만 적어도 과거와 같이 무엇을 해야 할지 전전긍긍하는 일은 줄어들 것이다.

제일제당의 컨디션은 1992년에 '숙취해소'라는 새로운 시장을 개척하였다. 이후 여명 808(그래미), 리셉션(미래바이오), 영림수(바이오오키), 파워롱(홍삼나라), 해주로(일화), 필(롯데칠성과 광동제약 제휴), 굿모닝 365(조선내추럴), 제로(메디코리아), 땡큐(종근당), 단(대원제약) 등 유사제품이 시장에 쏟아지면서 2002년 시장규모가 900억 원에 이르렀다. 후발업체들은 컨디션을 잡기 위해 비방성 비교 광고를 선보이기도 하였다. 예를 들어 "컨디션이 안 좋으세요? 숙취해소엔 땡큐"와 "여명이 밝아 와도 컨디션이 영 아닙니까? 단이 있습니다" 등이 대표적이다. 그러나 정작 중요한 땡큐나 단이라는 브랜드를 소비자들이 기억하지 못하고 비교된 컨디션과 여명만이 기억되는 재미있는 일이 벌어지고 있다.

이처럼 후발업체들의 판촉활동으로 전체 시장은 커졌고 컨디션은 10년 이상 시장에서 75%의 점유율을 보이며 여전히 리더로서의 능력을 과시하고 있다. 이런 측면에서 새로운 영역을 개척하는 것은 사람들의 기억 속에 장기간 머물 수 있는 좋은 전략이다.

이순신이 배 **12척**으로 **133척**을 **이길** 수 있었던 이유

룰을 깨고 세상을 자신의 기준으로 바꾼다는 것의 의미는 병법에서 이야기하는 것처럼 나에게 유리하고 적에게 불리한 지형으로 싸움의 장場을 옮기는 것과 같다. 기존 시장은 리더가 유리한 지형을 차지하고 우세한 병력을 가지고 있기 때문에 정면으로 공격해서는 승산이 없다. 이러한 경우에는 리더를 자신의 성에서 끌어내거나 나에게 유리한 지역으로 유인해야만 승리할 수 있다. 과거 중국 북부를 통일했던 북위가 동위와 서위로 나누어 전쟁을 거듭하고 있던 때, 서위군 7천 명이 20만 명의 동위군을 격파할 수 있었던 것도 지형이 험하고 갈대가 무성한 위곡이라는 유리한 싸움의 장으로 적을 유인했기 때문이다.

세계 유명 해전 중 하나로 꼽히는 명량대첩만 해도 그렇다. 단 12척의 배로 133척의 일본 수군을 물리칠 수 있었던 것도 싸움의 장을 자신이 유리한 방향으로 유도했던 이순신 장군의 신묘神妙한 전략 때문이다. 일단 절대적인 수의 열세를 만회하기 위해서는 드넓은 바다에서의 싸움을 피하고 좁은 곳으로 적을 유인해야 했다. 바로 "울돌목(명량 해협)"이란 곳이다. 울돌목은 진도와

화원반도 사이의 좁은 바다로 우리나라에서 조류가 가장 빠른 곳이다. 특히 명량대첩이 있던 음력 9월 16일은 만조와 간조의 차이가 커 조류가 매우 강한 날이다. 이때 이순신 장군은 울돌목에 쇠사슬을 묶어놓고 기다리고 있었다. 조선 수군을 치기 위해 벌떼처럼 밀려오던 일본 수군의 배가 울돌목에 묶어놓은 쇠사슬에 걸려 부서지기 시작하자 일본 수군은 재빨리 피하려고 배를 선회했지만 이미 때는 늦었다. 울돌목의 조류가 강한데다가 일본의 배는 바닥이 뾰족한 안택선으로 선회할 때 충분한 면적을 필요로 하기 때문이다. 일본 배 130척이 울돌목에서 뒤엉켜 갈팡질팡할 때 조선 수군이 일본 수군에 비해 유일하게 앞서고 있는 장거리 화포로 울돌목 밖에서 집중적으로 쏘아대니 일본 수군은 거의 전멸하다시피 하였다. 또한 일본군은 수적 우세를 바탕으로 접근전을 펼치려 했지만 때마침 불어오는 역풍에 일본군은 속수무책일 수밖에 없었다. 당시 일본선은 쌍돛으로 역풍을 헤쳐 나갈 수 있는 조선의 판옥선과 달리 단돛으로 순풍에는 빠르지만 역풍에는 느렸기 때문이다.

「용가리」 **원 소스 멀티 유즈** 전략

한때 대한민국을 "영구없~따"의 열풍으로 몰아넣었던 개그맨 심형래를 기억하는 사람들이 많을 것이다. 이제는 어엿한 영화감독이지만 그 과정이 순탄치 만은 않았다. 영구 이미지가 강하게 남아있던 터라 그가 영화계에 진출하자 충무로 본고장 출신이 아니라는 이력 때문에 영화계에서는 이단아 취급을 받았다. 또 어린이용 영화에 출연했다는 이유로 많은 사람들은 그가 출연한 영화를 보기도 전에 유치할 것이란 예상으로 외면당했다.

들리는 이야기에 의하면 그가 주연을 맡았던 남기남 감독의 「영구와 땡칠이」(1989년)는 전국 200만 관객을 동원하여 강재규 감독의 「쉬리」(1998년) 이전까지 비공식적인 기록이지만 한국 영화 중 관객동원 1위였다고 한다. 그의 유명한 개인기인 "안(호흡을 멈추고), 투(약간의 침을 내뱉으며), 안, 투, 쓰리, 포, 따리리리리리(두 손을 가슴에 모아 돌리며)~"는 전 국민의 율동이 되었다. 그러나 그는 단순히 사람들을 즐겁게 해주는 개그맨에 머물지 않고 1993년 세계를 석권하겠다는 포부로 '영구 아트 무비'를 설립하였다.

당시 대부분의 한국 영화는 탄탄한 시나리오를 바탕으로 한 드라마 위주의 영화였다. 그가 헐리우드에서나 가능할 법한 SF영화를 만들겠다고 했을 때 사람들의 반응은 회의적이었다. 심형래 감독은 한국 SF영화의 새 장을 열겠다는 당당한 포부를 밝혔고 그 첫 작품으로 1997년 「용가리」를 기획·제작하였다. 「용가리」는 칸느 영화시장에서 1998년에 272만 달러를, 1999년에는 150만 달러를 사전 판매하는 등 국민들의 많은 관심을 받았다. 또 아시아 위크Asia Week지에서 컴퓨터와 기술공학 부문 '21세기 아시아 지도자'로 선정되었으며, 공보처 신지식인 1호, 예술 부문 소파상 수상, 씨네21에서 '충무로 파워 50인'으로 선정되었다. 2000년에는 스포츠서울에서 선정한 '15년을 빛낸 연예인'에 뽑히는 등 개그맨 시절보다 더 큰 명예를 얻는 듯했다. 그러나 기대가 크면 실망도 크듯이 「용가리」는 개봉 후 국내 152만 명의 관람객을 동원했지만 대부분의 평론가들에게 실패작이라는 냉혹한 평가를 받았다.

엉성한 시나리오라는 혹평과 달리 마케팅 측면에서는 당시 심형래 감독이 펼친 '원 소스 멀티 유즈one-source, multi-use' 전략에 찬사를 보내고 싶다. 헐리우드 특히 애니메이션 분야에서 오래

전부터 활용되어 온 하나의 컨텐츠를 애니메이션, 캐릭터, 게임 등 여러 분야에서 활용하는 원 소스 멀티 유즈 전략에 대한 논의가 최근 한류 열풍을 타고 우리나라에서도 활발히 이루어지고 있다.

한국 영화에서 원 소스 멀티 유즈 전략을 매우 성공적으로 구현한 사람은 심형래 감독이라고 할 수 있다. 당시 「용가리」가 상영되고 있던 세종문화회관 앞 광장에는 용가리 캐릭터를 활용한 각종 팬시용품이 진열되어 있었고, 다른 한 쪽 무대에는 각종 이벤트를 펼쳤다. 지금까지 국내에서 개봉되었던 어떤 영화도 그처럼 영화를 축제화한 사람은 없었다. 그러나 당시에는 문화 컨텐츠 활용의 교과서라 할 수 있는 이런 활동에 대해서 어느 누구도 인정해주지 않았다. 이러한 비판에도 불구하고 용가리 캐릭터는 팬시용품을 넘어서 용가리 노래방과 같은 테마숍의 형태로 계속해서 뻗어나갔다.

비평가와 언론에 의한 혹독한 재판 이후 사람들의 기억에서 잊혀질 즈음 심형래 감독이 다시 세상의 주목을 받기 시작한 것은 그가 제작한 영화 「디 워The WAR」(2005년 연말 개봉 예정)에 미국 록우드사가 1,500만 달러(약 180억 원)를 투자하기로 계약한 후부터

다. 1,500만 달러는 국내 영화사상 최대 규모의 외자유치로 록우드사는 자사가 투자한 영화관과 케이블채널 등에서 수시로 「디워」의 예고편을 방송할 예정이어서 어떤 식으로든 흥행에 도움이 될 것이다.

만일 심형래 감독이 국내 투자가들에게 자본 투자를 유도했더라면 십중팔구 거절당했을지도 모른다. 그만큼 바보 영구의 이미지가 강하게 남아있기 때문일 것이다. 그러나 심형래 감독에 대한 편견이 없었던 미국 록우드사는 오로지 영구 아트 무비에서 보낸 데모영상과 컴퓨터 그래픽으로 만들어진 캐릭터, 시나리오를 검토하고 보통의 미국 블록버스터 제작비보다 훨씬 저렴하게 대작 SF영화를 만들 수 있다는 데 높은 점수를 주었다고 한다.

영화감독으로서의 심형래 감독은 외국 영화제에서 상을 받았던 박찬욱 감독과 김기덕 감독에 비하면 매우 초라한 존재일지도 모른다. 아니 영화감독이라는 칭호 자체가 많은 사람들에게는 어색하게 받아들여질 것이다. 그러나 심형래 감독은 과거의 화려했던 개그맨 생활을 뒤로 하고 불모지나 다름없던 우리나라에서 20년 동안이나 SF영화라는 장르를 개척하기 위해 고군분투

했다. 그래서 적어도 한국 SF영화 분야에서 심형래 감독만큼 노하우를 가지고 있는 감독은 드물다. 이런 측면에서 2005년 연말에 개봉되는 「디 워」의 결과가 기다려지기도 한다.

 ## 새로운 **룰**을 찾는 **세 가지** 방법

새로운 룰을 찾는 첫 번째 방법은 조합, 즉 기존에 있던 것들을 더하는 것이다.

더하는 방법에는 대체 관계에 있는 것을 더하는 방법과 보완 관계에 있는 것을 더하는 방법 두 가지가 있다. 먼저 대체 관계에 있는 것들을 조합한 대표적 예는 DIY 산업 즉 직접 조립하고 제작하는 것을 말한다. 집을 꾸미는 과정에서 사람들이 겪는 일반적인 고민은 전문가에게 맡기자니 비싸고 내가 직접 만들자니 기술이 없다는 점이다. 이러한 문제를 해결해준 것이 DIY 제품이다. 즉 철물점이 제공하는 낮은 비용과 전문 인력이 제공하는 전문성을 결합시킨 DIY 제품은 비용과 품질 측면에서 소비자들을 모두 만족시켜 시장에서 성공할 수 있었다. 소니 워크맨Sony Walkman도 저

럼한 가격으로 붐박스boom boxes의 음향효과와 시원스러운 이미지, 트랜지스터 라디오의 부담 없는 크기와 무게를 결합시킴으로써 1970년대 말에 개인 휴대용 스테레오 시장을 창출, 엄청난 매출을 올릴 수 있었다.

다음으로 보완적인 제품과 서비스를 더하는 방법이 있다. 예를 들어 교보문고는 "책 자체보다는 독서의 즐거움과 지적 탐구"라는 모토를 중심으로 단지 서점을 책만 파는 곳이 아닌 조용한 독서를 위한 편안한 장소로 바꾸기 위해 매장 내에 카페, 팬시용품, 음악 등 다양한 코너를 만들어 복합 문화 공간으로 탈바꿈시켰다. 서점을 책을 파는 곳으로 생각할 때와 독서의 즐거움을 제공하는 장소로 생각할 때의 차이는 마치 커피 자판기를 관리하는 것과 커피 전문점을 운영하는 것과 같다.

가령 종로서적과 교보문고를 비교하면 그 차이가 두드러지게 나타나는데, 종로서적이 환한 형광등 불빛 아래 책을 쉽게 고를 수 있도록 정돈된 분위기를 제공했다면 교보문고는 은은한 조명 아래 카페처럼 손님들이 편안하게 찾아와 책을 볼 수 있는 분위기를 만들었다. 이런 차이 때문일까? 1995년에 오랜 전통을 가진 종로서적이 결국 2002년 6월에 최종 부도처리 되어 그 자취를 감추었다.

새로운 룰을 찾는 두 번째 방법은 제거, 즉 기존에 있던 것들을 빼는 것이다.

신사복 브랜드인 파크랜드parkland는 고가(맞춤복)와 저가(기성복) 시장으로 나누어진 신사복 시장에 "양복의 거품을 뺐습니다"라는 슬로건으로 중저가 시장을 개척한, 신사복 단일 브랜드 매출 1위 기업이다. 파크랜드는 대기업들의 경쟁이 치열한 기존 신사복 메이커들과 직접적인 경쟁을 피해 중저가 시장을 공략함으로써 직접적인 충돌을 피했다. 또한 기존 신사복 메이커들의 경우 대부분 서울, 경인지역을 중점적으로 공략한 데 반해 파크랜드는 지방 및 중소 도시 지역을 중점적으로 공략하는 등 자신들의 강점을 최대한 발휘할 수 있는 영역에 집중하였다. 이러한 전략을 바탕으로 파크랜드는 2003년 한국능률협회컨설팅이 실시한 '한국브랜드파워 인덱스' 조사 결과 남성 정장 분야에서 1위를 차지했고, 2005년 마케팅 프론티어상을 수상하기도 하였다. 전체 매출로 보면 대기업에 비해 작을지 모르지만 적어도 중저가 시장에서만큼은 리더의 지위를 차지하고 있다.

보디숍Body Shop은 '화장품 = 감성 제품' 이라는 인식을 깨고 성공한 브랜드다. 즉 자연 성분과 건강한 삶이라는 기능적 측면을 강조하여 기존 화장품의 거품을 걷어내는 등 기존 가치에 새로운 가치를 더함으로써 제품에 새로운 생명력을 불어넣어 성공하였다. 미샤missa와 페이스 숍The Face Shop도 보디숍과 마찬가지로 기존 화장품의 감성적인 거품을 걷어내고 철저히 기능 위주로 승부해서 성공한 사례라 할 수 있다.

미샤는 2004년 12월 현재 244개의 오프라인 매장을 운영하고 매출액 1천억 원을 돌파하는 등 엄청난 성장세를 보이고 있다. 불황으로 인해 가격 민감도가 높아진 고객을 흡수할 수 있었던 이유는 화장품을 사치품이 아닌 생활필수품으로 인식시키는 데 성공했기 때문이다. 한편 페이스 숍은 자연주의라는 테마와 얼굴이라는 특정 신체 부위에 집중하는 전략으로 저렴하지만 고급스러운 화장품이라는 인식을 고객에게 심어줌으로써 고도의 매출 성장을 이끌어냈다. 새로운 기능을 더하는 것도 중요하지만 불필요한 기능을 빼거나 새로운 관점에서 기능을 재정립하는 것도 매우 중요한 전략이 아닐 수 없다.

새로운 룰을 찾는 세 번째 방법은 대체, 기존의 가치를 다른 가치로 바꾸는 것이다.

예를 들어 1980년 후반까지 일용품으로 인식되던 커피를 감성 가치를 중시한 상품으로 변화시킨 것이 바로 스타벅스stabucks다. 1971년 제럴드 볼드 윈Gerald Baldwin과 고든 보우커Gordon Bowker, 지브 시글Zev Siegl에 의해 탄생된 스타벅스는 초기에는 지금처럼 어디서나 볼 수 있는 커피숍으로 시작된 기업이 아니다. 1982년에 현 스타벅스의 회장 겸 CEO인 하워드 슐츠Howard Schultz가 부임하기 전까지는 커피 제품을 판매하는 작은 기업에 지나지 않았다. 새로운 리더의 혁신적인 발전을 거듭하면서 현재 전 세계 40여 개국에 9천여 개의 점포를 운영하는 거대기업이 되었다.

가끔 스타벅스 매장을 지나면서 스타벅스가 성공한 진짜 이유가 궁금했다. 하워드 슐츠 회장의 자서전이나 스타벅스의 성공신화와 관련한 책에는 한결같이 스타벅스의 성공비결은 4P, 즉 최고급 품질의 커피Product, 아늑한 공간Place, 서비스와 제품에 걸맞은 가격Price, 적절한 홍보Promotion 이외에 커피를 만들고 서비스하는 사람People을 합친 5P가 있었기 때문이라고 한다. 그럼에도 불구하고 한 가지 의문점은 커피라는 평범한 제품을 '만남의 장소'라는 문화적 차원으로 끌어올린 점을 대체로 높게 평가하고 있다. 그렇다면 그 흔한 다방과 커피숍은 만남의 장소로서의 역할을 못했을까 하는 점이다.

　그렇다면 스타벅스와 기존 커피숍의 아주 작은 차이점이 무엇일까? 예전에 커피숍은 누군가를 만나기 위한 약속 장소로만 이용되었기 때문에 약속도 없이 혼자서, 특히 여성이 커피숍을 가는 경우는 흔치 않았다. 그러나 스타벅스에는 꼭 다른 사람과의 만남을 목적으로 하지 않고서도 혼자서 책을 보는 사람, 공부하는 사람 등 혼자 있는 여성들을 흔히 볼 수 있다. 그리고 혼자 있는 여성에게서 예전의 커피숍은 다음 약속을 위해 시간을 때우는 장소였다면 스타벅스는 그 자체가 목적인 독립된 공간의 느낌이 강하다. 그래서인지 과거 커피숍에 혼자 있던 여성은 초라하고 고독해보였다면 스타벅스에 혼자 있는 여성은 왠지 지적이고 멋있어 보이는 것은 비단 나 혼자만의 느낌은 아닐 것이다. 아마 이것도 성공 비결 중 하나가 아닐까?

　기능성 가치에서 감성적 가치로 제품 속성의 중요도를 바꾼 또다른 예는 시계다. 저가 시계는 정확한 시간을 알려주는 기능성 제품이라는 생각이 지배적이었다. 그러나 스와치Swatch는 "시계도 패션"이라는 감성적인 제품으로 바꾼 좋은 예이다.

　특히 패션 시계라는 개념은 단순히 새로운 영역을 만들었다는 의미 외에도 사람들의 구매행동을 바꿨다는 점에서 그 의의가 매우 크다. 왜냐하면 시계를 단지 시간을 보기 위한 물건이라고 여길 경우 사람들은 지금 가지고 있는 시계가 고장 나기 전까지 다른 시계를 사야 할 이유가 없다. 그러나 시계가 패션의 하나라고 인식되면 시계는 그날그날의 패션에 따라 바꿔줘야 하는 액세서리가 된다. 따라서 현재 착용한 시계가 고장 나지 않았음에도 다른 시계를 사야 하는 충분한 이유가 되기 때문에 다량보유가 가능해졌다는 것이다.

이처럼 기능적 제품을 감성적 제품으로 바꾸는 경향은 매우 보편화되었다. 냉장고와 아파트의 경우를 봐도 과거 냉장고와 아파트는 기능적 가치가 우선시되는 전형적인 제품이었다. 그렇기 때문에 "e-편한 세상"과 같이 기존의 전통적인 기능적 가치에 초점을 두는 전략은 어찌 보면 모범답안이라 할 수 있다.

그러나 최근에는 과거 주택의 전통적인 가치였던 기능성을 철저히 배제하고 이미지만으로 승부하는 기업이 늘어나고 있다. '래미안来美安'이 그 대표적인 경우인데 '아파트 = 주거 공간'이라는 개념을 '아파트 = 자부심(자존심)'이라는 개념으로 바꾼 것이다. 즉 기능적 제품을 상징적 제품으로 변화시킨 것이다.

머슬로우Maslow의 욕구 5단계 중 생리적 욕구, 안전의 욕구 등 하위 욕구에 머물러 있던 아파트를 존중의 욕구, 자아실현 욕구라는 상위 개념의 욕구로 재정립한 것이다. 많은 조사에서 아파트의 대표적인 브랜드로 래미안이 선정되는 것은 결코 우연만은 아니다.

3

나를 먼저 **공격**하라

미래가 불투명하고 급변하는 상황에서

리더가 사용할 수 있는 효과적인 전략은

"타임 페이싱" 전략이다.

# 왜 **나**를 먼저 **공격**해야 하는가?

우리는 대체로 남에게는 엄격한 잣대를 들이대면서 나에게는 관대한 편이다. 남이 저지른 실수를 놓고 사람이 어떻게 그럴 수 있냐며 비난하지만 정작 똑같이 저지른 자신의 실수에 대해서는 그럴 수밖에 없었던 상황과 변명으로 이해와 양해를 바라기 때문이다. 그래서 "남이 하면 불륜, 내가 하면 로맨스"라는 말도 있지 않은가.

과거의 오랜 역사가 주는 교훈은 그것이 국가건, 기업이건, 가정이건, 개인이건 상관없이 항상 '내부의 적을 조심하라' 는 것이다. 가화만사성家和萬事成도 결국 내부의 분란이 없어야 일이 순조롭게 진행된다는 것을 두고 나온 말이다. 성공한 많은 사람들에게 가장 힘든 일이 무엇이었냐고 물어보면 "나를 이기는 것"이라고 말한다. 또한 기업의 경우에도 성공을 하게 되면 자신을 성공할 수 있게 만든 것을 잊는 함정FWMTS, Forget what made them successful에 빠진다고 한다. 그러므로 리더가 되기 위해서나 리더로 남기 위해서는 항상 자신을 채찍질해야 하는데 이것이 바로 나를 먼저 공격해야 하는 이유이다. 그렇다면 자신을 공격한다는 것은 무엇을 의미할까? 그것은 바로 자신 스스로가 끊임없이 변화를 주도해간다는 의미이다.

 타임 페이싱 전략으로 변화 속도를 조절하라

리더가 되기보다 리더로 남는 것이 더 어렵다는 것을 모르는 사람은 없을 것이다. 그래서 리더로 남기 위해서는 끊임없이 자신을 채찍질해야 한다. 기업도 마찬가지다. 시장과 소비자의 기호가 변하는데 과거에 자신을 리더로 만들어 준 브랜드만을 고집하는 것은 매우 위험한 일이 아닐 수 없다. 이처럼 급격히 변화하며 미래가 불투명하고 시장이 불안정한 상황에서 리더가 사용할 수 있는 효과적인 전략으로 "타임 페이싱time pacing" 전략이 있다.

아이젠하트Eisenhardt와 브라운Brown 은 "타임 페이싱은 변화시간의 속도를 조절" 한다는 것을 의미하며, 이는 장기적인 시간 간격에 따라 시장의 변화를 조절함으로써 시장 수요를 주도하는 경쟁 전략이라 하였다. 일반적으로 변화에는 두 가지 대응 방법이 있는데, 바로 '수동적 적응'과 '능동적 대응'이다. 일반적으로 '이벤트 페이싱event pacing'은 수동적 적응을 의미하고, '타임 페이싱time pacing'은 능동적 대응을 의미한다. 이벤트 페이싱이란 특정 사건이 벌어지면 이 사건과 보조를 맞추는 것인데, 예를 들어 경쟁자가 어떤 전략을 구사하는지, 기술의 변화가 어떻게 진행되는지 또는 새롭게 발생한 고객의 수요에 대해 적절한 방향으로 반응하면서 기업이 변화해가는 것을 말한다. 이러한 이벤트 페이싱은 자신의 계획에 대한 성과가 없을 경우에만 새로운 전략을 모색하는 것으로 안정적인 시장에서 기업이 변화에 효과적으로 대응할 수 있는 전략이다.

그러나 시장은 매우 급격하게 변화하므로 그 방향을 예측하기 어려울 때에는 기업이 시장에서의 새로운 변화를 예측하고 기다리는 대신 언제쯤 변화를 발생시킬 것인가를 계획하여 시장을 주도할 수 있는 타임 페이싱 전략이 더 유효하다. 그렇다고 타임 페이싱이 폭주기관차와 같이 속도만을 중요시하는 건 아니다. 왜냐하면 타임 페이싱은 매우 빠르지만 예측 가능해야 하기 때문이다.

예측이 가능한 이유는 기업이 스스로 하나의 활동으로부터 다른 활동으로의 변화 또는 전환을 관리하고, 변하는 리듬이나 페이스를 조절하기 때문이다. 이처럼 매우 빠르지만 예측 가능한 타임 페이싱 전략을 사용하기 위해서는 정기적, 주기적, 능동적으로 진행되어야 한다. 그래야 사람들에게 혼동을 주지 않는다. 또 내부 인원을 더욱 단결하고 외부 사람들에겐 변화에 준비할 시간적인 여유를 줄 수 있다.

타임 페이싱 전략을 사용하여 변화를 주도할 때 중요한 것은 '리듬 관리'다. 리듬 관리란 기업의 활동에 영향을 미치는 외부 환경(공급자, 소비자, 계절)과 기업의 변화를 일치시키는 것이다. 리듬을 관리하는 타임 페이싱은 속도를 내는 것만을 의미하는 것은 아니다. 때때로 속도를 늦추는 것도 매우 중요하다. 즉 몰아붙일 때와 숨 고를 때를 적절히 활용해야만 경쟁자를 앞서갈 수 있다. 왜냐하면 공급자와 소비자가 항상 기업이 의도한 속도를 따라갈 수 있는 것은 아니기 때문이다. 특히 제품 시장이 몇 개의 상이한 욕구를 가진 소비자로 세분화되었을 경우 세분 시장별 변화 속도는 달라져야 한다. 소비자의 욕구가 급변하고 있는 세분시장에서는 끊임없이 신제품 출시를 통해 시장을 주도해야 하지만, 상대적으로 욕구의 변화가 적은 세분시장에서는 기존 모델을 좀더 오래 유지하는 것이 효과적이기 때문이다.

기업이 신제품을 출시할 때 가장 경계하는 것이 '자기 잠식 cannibalization' 이다. 일명 "제 살 깎아먹기" 라고도 하는데, 새로 나온 신제품이 경쟁자의 점유율을 빼앗는 것이 아니라 기존 자사 제품의 시장 점유율을 빼앗는 경우를 말한다. 이러한 자기 잠식에 대한 우려 때문에 기업은 변화를 주저하고 현실에 안주하게 되는 상황이 발생한다. 그렇다고 언제까지 자기 잠식을 두려워하고 경계할 것인가? 자기 잠식에 대한 부정적 견해는 변화를 거부하는 독이 될 수 있다. 자기 잠식을 어떻게 바라보느냐는 리더에게 매우 중요하다.

예를 들어 코카콜라에서 '다이어트 콜라' 가 나오면 기존 '코카콜라 클래식' 의 판매량이 떨어질 것이 분명할 때, 이때 코카콜라는 다이어트 콜라를 출시해야 할까 아니면 말아야 할까? 코카콜라 클래식이라는 브랜드 관점에서 볼 때 다이어트 콜라는 코카콜라 클래식의 점유율을 잠식하는 매우 위협적인 존재가 될 것이다. 그런데 만약 다이어트 콜라의 출시로 코카콜라 클래식의 매출액이 100에서 80으로 감소했지만 다이어트 콜라가 20 이상 팔린다면 회사 입장에서는 도움이 될 것이다. 이처럼 자기 잠

식은 하나의 브랜드 입장이 아닌 회사 전체적인 입장에서 봐야
한다. 특히 경쟁자인 펩시콜라가 다이어트 콜라를 먼저 출시할
수도 있는 상황이라면 그때는 코카콜라의 다이어트 콜라가 코카
콜라 클래식의 시장을 잠식할 것인가를 고민하기보다는 다이어
트 콜라 시장을 선점하여 펩시콜라의 진입을 막는 것이 더 중요
하다. 이처럼 기존 시장이 잠식될 것을 알면서도 경쟁자보다 먼
저 시장을 선점하기 위해 의도적으로 자기 잠식을 하는 것을 "선
점적 자기 잠식preemptive cannibalization" 이라고 한다.

그러나 바이엘 아스피린으로 유명한 스털링 드러그Sterling Drug
사는 선점적 자기 잠식을 할 수 있는 기회가 있었음에도 불구하
고 자기 잠식을 두려워해 경쟁자에게 선수를 빼앗겨 시장을 선
점 당했고 결국 코닥에 인수되는 불행을 겪었다. 만약 비非 아스
피린 계통 진통제가 유럽 시장을 주도할 때 자사가 이미 보유하
고 있던 비非 아스피린 계통 진통제인 파나돌panadol에 기업 역량
을 집중했더라면 그와 같은 비극적인 결과는 일어나지 않았을
것이다. 기업이 자신을 공격하는 것이 얼마나 중요한지를 일깨
워주는 사례가 아닐 수 없다.

제 살 깎아먹기를 각오한 **센서** 면도기, **질레트**

우리가 익히 알고 있는 리더 중 자신을 공격하는 데 능숙한 기업이 바로 질레트이다. 질레트는 세계 최초의 이중날 면도기인 '트랙 II Trac II'를 출시한 이후 세계 최초의 회전식 면도기 '아트라Atra', 최초의 독립 스프링 부착방식 '센서Sensor', 삼중날 면도기 '마하 3Marha-3'를 출시하는 등 끊임없이 신제품 개발과 함께 자신을 공격했다. 1980년대에 불어 닥친 적대적 인수합병M&A에 대항하여 고전했던 질레트가 다시 회생할 수 있었던 것도 기존 제품 시장의 잠식을 두려워하지 않고 새로 개발한 센서라는 신제품 때문이었다. 이는 시장 잠식을 어떻게 봐야 하는지를 극명하게 보여준다고 하겠다.

혁신적인 기업의 대표라 할 수 있는 3M에는 "15/10 원칙"이 있다. 이 원칙에 따르면 3M의 직원은 근무시간의 15%를 아이디어 개발과 같은 창의적인 일에 투자하고, 전체 매출액의 10%는 최근 1년간 개발한 신제품이나 새로운 서비스의 매출액에서 나와야 한다. 자기 잠식을 두려워하는 기업으로서는 상상도 못할 일이다. 한 연구에 따르면 전체 매출액 중 신제품 비율이 차지하는 비중이 리더의 경우에는 49%, 후발주자의 경우에는 11%라고 한다. 리더로 남기 위해 얼마나 자신을 채찍질해야 하는지 극명하게 보여주는 결과다. 기업은 과거의 성공의 열쇠가 시간이 지남에 따라 실패의 초석이 될 수도 있다는 것을 명심해야 한다.

 ## 죽어도 **소니**를 따라갈 수 **없는** 이유(?)

과거 전자제품 시장을 주도했던 소니Sony를 다른 전자회사가 따라갈 수 없는 이유는 바로 소니가 앞으로 5년 후 출시할 제품들을 모두 만든 뒤에 속도를 조절하면서 하나씩 시장에 출시하기 때문이라고 파악한다. 소니는 신제품을 출시할 때 혁신자innovator나 초기 수용자early adopter를 대상으로 '스키밍 가격 전략skimming pricing strategy', 즉 초기 고가로 진입하여 초기 개발비용을 회수한 후 시간이 지남에 따라 가격을 낮추는 전략을 사용하여 시장을 선점한다. 수요가 증가하고 수익성이 높아지면서 점차 시장의 매력도가 증가하면 새로운 경쟁자들이 하나 둘 시장에 진입하게 된다.

새로 진입한 경쟁자들은 가격 경쟁력(소니와 동일한 기능에 가격은 낮춘 제품)을 바탕으로 소니의 시장을 뺏으려 한다. 이때 소니는 기존 제품의 가격을 대폭 낮추고 새로운 제품을 시장에 출시한다. 이렇게 되면 과거 출시되었던 소니 제품을 대상으로 가격 경쟁력으로 승부하려 했던 경쟁사의 전략은 무용지물이 된다. 게다가 경쟁 제품의 가격이 새로 나온 신제품과 비교되면서 경쟁 제품의 가격은 상대적으로 비싸 보이고, 소니의 신제품은 상대적으로 저렴해 보이는 효과를 냄으로써 신제품과 기존 제품이 경쟁 제품을 위, 아래에서 압박한다. 이것을 그림으로 나타내면 다음과 같다.

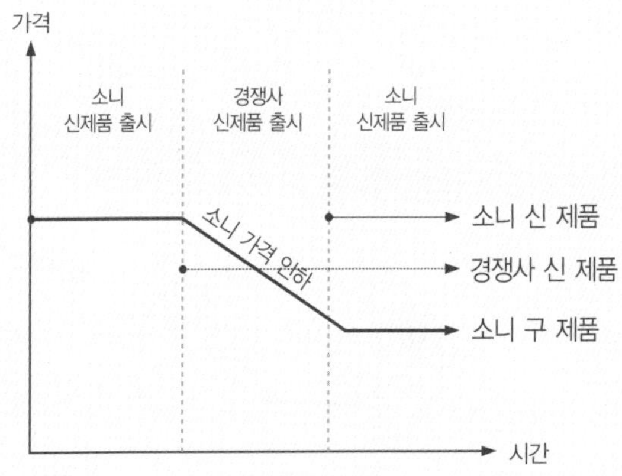

소니는 이런 전략을 바탕으로 경쟁자의 새로운 진입으로 확대된 시장의 수익을 그대로 가져온다. 이러한 소니의 비밀 전략이 사실이 아니라 해도 매우 신빙성 있게 들리는 이유가 무엇일까? 아마도 그것은 소니가 변화의 속도를 조절할 수 있는 기술력을 가지고 있으므로 충분히 사용 가능한 전략이기 때문일 것이다.

이처럼 시장 리더는 끊임없는 자기 혁신을 통해 계속해서 시장의 변화를 주도해 나가야 한다. 그러기 위해서는 내부적으로 확고한 원칙이 있어야 한다. 예를 들어 수익의 10%는 1년 이내에 출시한 신제품으로부터 나와야 한다는 3M 의 15/10 원칙, 6개월마다 신제품을 출시하는 넷스케이프, 5년마다 비행기의 좌석을 바꾸는 브리티시 항공사, 2000년까지 2천 개의 매장 개설 목표를 이행하는 스타벅스, 9개월마다 제조 공정에 새로운 조립시설을 추가하는 인텔 등 많은 기업들이 확고한 내부 원칙을 가지고 스스로의 변화 속도를 안과 밖에서 제시하고 있다.

앞서 이야기했던 질레트의 경우에도 신제품으로부터 매출액의 40%를 이룬다는 목표를 가지고 타임 페이싱을 적절히 활용한 신제품 출시 전략으로 시장을 주도하고 있다. 예를 들어 80년대 적대적 인수합병에서 큰 타격을 입었던 질레트를 구해준 센서 면도기sensor razor의 경우에도 개발과 동시에 시장에 나오지 않고 센서 면도기의 뒤를 이를 후속 제품인 엑셀Excel이 개발되고 나서야 비로소 시장에 출시되었다. 엑셀의 경우에도 마찬가지로 10개 이상의 후보 제품이 개발되고 나서야 출시되었다. 얼마나 장기적인 관점을 가지고 경영했는지를 다시 한번 일깨워주는 사례다.

 **문화** 대통령 **서태지**와 아이들

리더의 타임 페이싱 전략은 비단 기업뿐만 아니라 각 분야의 리더가 자주 사용하는 전략이다. 그 대표적인 사람이 "문화 대통령"이라 칭송받으며, 삼성경제연구소가 뽑은 역대 히트상품 1위를 차지한 '서태지와 아이들'일 것이다. 서태지가 랩Rap이라는 새로운 장르를 국내에 소개한 후 10년이 지났지만 랩이 빠진 대중가요를 듣기 힘들 정도로 그 영향력은 실로 엄청났다. 특히 서태지와 아이들은 음악 청취자였던 10대를 음악 구매자로 바꾸는 데 가장 중요한 역할을 하였고 음악뿐 아니라 문화, 경제적으로도 큰 영향을 미쳤다.

서태지는 1992년 '난 알아요'를 통해 대중들에게 랩을 처음 소개한 이후, 1993년에는 힙합과 국악을 접목시킨 '하여가'를 발표함으로써 또 다시 사람들로 하여금 감탄을 자아내게 했다. 이후 1994년 8월에 발매한 3집에는 기존 대중가요의 영원한 주제인 사랑 이야기 대신 통일이라는 주제를 담은 '발해를 꿈꾸며'와 교육 문제를 직접적으로 비판한 '교실 이데아'를 통해 사회 문제를 직접적으로 거론할 수 있는 토대를 만들었다. 사회적 이슈를 담은, 그래서 일부 운동권에서만 통용되던 민중가요의 영역이 대중가요로까지 확대된 것이다.

1995년 10월에는 3집에서 제기했던 사회 문제를 "갱스터 랩 gangster rap"이라는 장르와 접목시킨 '컴백 홈'을 발표했는데, 이 노래를 듣고 가출 청소년이 집으로 돌아왔다는 이야기가 나올 정도로 경제적, 사회적으로 엄청난 영향을 미쳤다. 이러한 일련의 행동을 통해 서태지는 단순히 노래만 하는 가수가 아니라 청소년 문화를 선도하는 문화 대통령이나 다름없었다. 그러던 그가 1996년 1월 돌연 은퇴를 선언하였다. 은퇴 이후에도 서태지의 일거수일투족은 항상 언론의 초점을 받았고 팬들의 사랑은 식을 줄 몰랐다. 이들이 해체된 후 서태지는 1998년 첫 솔로 앨범인 'Take one'을 발표하였다. 이 앨범에는 얼터너티브 록, 하드코어 록, 펑크 사운드 등 새로운 음악적 시도로 화제가 됐는데 국내 무대에서는 활동하지 않았음에도 130만 장이나 팔렸다. 은퇴 후 4년 7개월 후인 2000년 8월, 운둔하다시피 살아온 미국생활을 청산한 서태지는 하드록 신보 '울트라맨이야'를 들고 팬들 앞에 다시 섰고 10, 20대를 다시 사로잡으며 112만 장의 음반을 판매, 서태지의 변함없는 인기를 실감나게 했다.

한편 교과서 제작업체인 교학사는 2002학년도 교과서 『음악과 생활』을 발간하면서 서태지와 아이들의 히트곡 '발해를 꿈꾸며' (서태지 작사·작곡)의 악보를 담았고, 같은 해 5월에는 의류학과 교수진이 공저로 내놓은 『현대패션 100년』이란 의류학과 전공 교재에 1990년대를 대표하는 패션 리더로 서태지 패션학이 실리기도 하는 등 음악 이외에도 다양한 분야에 영향을 미쳤다. 이후에도 서태지는 2004년 1월, 7집 '로보트'를 발표, 극심한 불황에도 불구하고 40여만 장이 판매되었다. 이처럼 아직까지도 문화 대통령으로서의 면모가 계속 이어질 수 있는 것은 그의 끊임없는 변신과 새로운 시도 때문일 것이다.

# **양심 냉장고** 이경규가 **오래** 가는 이유

코미디의 황제라고 하면 많은 분들이 이주일을 뽑는다. "얼굴이 못 생겨서 죄송합니다"는 온 국민을 웃긴, 그의 대표적 유행어다. 자신의 단점을 장점으로 극대화한 것이다. 그러나 이주일만큼 무게감이 있거나 대한민국의 대표 개그맨이란 칭호가 수식어처럼 따라다니지는 않지만 지난 20년간 개그계의 정상에 서있고 지금도 그 영향력을 과시하고 있는 사람이 있다. 바로 개그맨 이경규다.

그가 1981년 6월 MBC 개그맨 콘테스트를 통해 무대에 선 지 24년이 지났지만 아직도 왕성하게 활동하고 있다. 번뜩이는 재치와 입담으로 다른 어느 분야보다도 세대교체가 잦은 개그계의 특성을 감안한다면 불혹이 훌쩍 넘은 나이에도 불구하고 아직까지 오락프로그램의 메인 MC로 활동하고 있는 그를 보면 대단하다는 생각이 든다. 그렇다면 그의 장수 비결은 뭘까?

언론에서는 많은 사람들이 그의 장수 비결을 놓고 남들이 안 하는 것을 즐겨한다는 그의 모험정신 때문이라 이야기한다. 그러나 그의 모험정신보다 중요한 요소가 있다고 생각하는데, 그

것은 바로 그가 '감동과 재미' 라는 두 마리 토끼를 잡았다는 것이다. 대개 다큐멘터리는 감동을 주지만 재미가 없어 지나치기가 쉽고 오락프로는 재미는 있지만 보고 나면 뭔가 허전함이 남는다. 즉 대중성과 예술성을 함께 갖추기란 매우 어려운 일이다. 바로 여기에서 그의 장수 요인을 찾을 수 있지 않을까? 그는 '감동과 재미의 절묘한 조화' 를 훌륭히 해낸 것이다. 지금까지 그를 정상에 있도록 만든 요인이다. 즉 그는 남이 하지 않는, 그리고 남이 할 수 없는 장르의 개그를 새로 개척한 것이다.

비록 사생활 침해라는 논란을 불러일으키기는 했지만 한반도를 들썩이게 했던 '이경규의 몰래카메라(1991년)' 를 많은 사람들이 기억할 것이다. 이 코너는 오락프로그램 사상 70%라는 최고의 시청률을 기록하는 등 그야말로 대한민국을 몰카 열풍으로 몰아넣었다. 대중 연예인을 대상으로 한 몰래카메라는 지금도 오락프로그램의 단골 메뉴로 쓰이고 있고 최근에는 일반인을 대상으로 한 몰래카메라도 등장하고 있다.

몰래카메라가 감동보다는 재미에 많이 치우쳤다면 그의 두 번째 작품인 '양심냉장고(1996년)' 는 감동에 좀더 많은 무게를 두었다. 이 시대의 숨은 양심을 찾는다는 의도로 기획된 이 프로그램은 이른바 '캠페인성 코미디' 시대를 열었다. 이 프로가 나간 후 "이경규가 달리면 양심이 살아난다"고 할 정도로 프로그램의 영향력은 대단했다. '심야 횡단보도 신호등 지키기' 편에서 첫 회 방송이 나간 후 제작진은 업무가 마비될 정도로 많은 시민들의 격려를 받았다. 이유인즉 평소 인적이 뜸한 여의도 한 아파트단지 입구에 카메라를 고정시키고 밤 12시부터 잠복, 몰래 촬영했다. 마침내 4시간 15분 만에 '이 시대의 숨은 양심'을 찾았는데 그 주인공이 뇌성마비 장애를 겪고 있는 장애인 부부임이 밝혀지면서 TV를 통해 이들을 지켜본 많은 사람들로 하여금 부끄러움과 진한 감동을 느끼게 해주었기 때문이다. 이후에도 '횡단보도 정지선 지키기', '일본의 심야 신호등 지키기' 시리즈를 통해 우리의 부끄러운 교통문화를 재미있고 실감나게 고발했고 당시 교통문화 정착에 많은 공헌을 했다는 평가를 받아 표창을 받기도 하였다.

그의 세 번째 작품은 온 국민을 흥분의 도가니로 몰아넣었던 '2002 월드컵-이경규가 간다' 라는 프로그램이다. 한국팀의 경기가 있는 날 경기장의 숨은 뒷이야기를 보여준 이 프로는 케이블 채널에서 아직도 방송하고 있고 다른 어떤 프로그램보다도 당시의 감동적인 상황을 잘 전해주는 프로그램으로 손꼽히고 있다.
지금도 그가 MC를 맡고 있는 '전파견문록'의 경우에도 아이들
의 순수한 동심의 세계를 잘 표현했다는 이유로 초기에 많은 찬
사를 받았다.

그의 인기비결을 '주연 같은 조연 역'을 개척했다고 보는 사람
도 있지만 그것만으로는 부족하다. 왜냐하면 그가 주연 같은 조
연 역을 한 프로그램이 모두 성공하지는 않았기 때문이다. 오히
려 그에게 성공을 안겨준 프로그램이 갖고 있는 공통점은 바로
'감동과 재미의 절묘한 조화'에 있다. '남들이 하지 않은 일을
하자'는 그의 노력이 계속된다면 우리는 좀더 오랜 시간 동안 그
를 TV에서 볼 수 있을 것이다.

산악 **그랜드 슬램** 달성한 **박영석**

2005년 5월 1일 강한 바람과 영하 40도의 혹한을 이겨내고
54일간의 대장정을 마치고 걸어서 지구의 끝인 북극점에 도달해
세계 최초로 산악 그랜드 슬램을 달성한 산악인 박영석은 방송

기자들과의 인터뷰에서 다음과 같이 말을 했다.

"그랜드 슬램을 달성하며 가장 힘들고 무서웠던 것은 바로 내 자신입니다. 만약 그때 내 자신과 타협했다면, 한 발자국도 움직일 수 없었을 것입니다."

산악 그랜드 슬램을 달성한 뒤에도 그의 산행은 멈추지 않는다. 그는 함께 산을 오르다 하산 도중에 숨진 허승관과 박영도의 추모 글이 새겨진 동판을 K2 메모리얼(바위)에 부착하기 위해 지난 2005년 7월 26일에 파키스탄으로 출국하였다. 이 휴먼 원정대에는 그의 둘째 아들 성민(10)군이 동행하였는데 이 모습은 KBS 수요기획 '박영석 대장의 휴먼등정 아버지의 이름으로' 라는 타이틀로 방송되어 많은 사람들의 가슴을 뭉클하게 만들었다. 평소 "내 이름은 몰라도 된다. 다만 세계인들이 한국인이 이 일을 해냈다고 기억해 주기만을 바란다"는 말을 자주 이야기했던 그는 앞으로도 끊임없이 도전할 것이다.

적의 적을 이용하라

경쟁이 주는 이점은 나의 장점을 극명하게 보여줄 수 있다는 점이다.

혼자 있을 때는 내 장점이 두드러지지 않지만

경쟁자가 있을 때에는 상대적으로 나의 장점이 극대화될 수 있다.

# 왜 **적**의 **적**을 **이용**해야 하는가?

적의 적은 동지라는 말이 있다. 기업이 시장에서 가장 원하는 것은 무엇일까? 바로 독점이다. 경쟁이 없는 상황, 즉 기업이 모든 것을 쥐고 흔들 수 있는 절대 권력을 모든 기업은 희망한다. 그러나 독점은 생존의 필수조건일 뿐이다. 독점적 지위는 오히려 기업의 성장을 저해하는 독이 될 수 있다. 짐 콜린스Jim Collins 가 말했다.

"위대한 기업이 되는 데 가장 큰 적은 좋은Good 기업이다. '좋아Good' 라는 그 한 마디가 사람들의 성취의욕을 갉아먹기 때문이다. 그래서 좋은 기업은 많지만 위대한 기업은 드물다."

시장에서 독점적 지위를 가지고 있는 기업은 망하지 않는다. 그렇지만 성장도 없다. 대표적인 예로 공기업이나 공무원을 보면 알 수 있다. 지금은 많이 좋아졌다고는 하지만 동사무소나 공공기관의 서비스는 일반 사기업에 비해 만족할 만한 수준은 아니다. 이는 경쟁이 없기 때문에 더 좋은 것을 제공하려고 노력하지 않기 때문이다. 많은 사람들은 경쟁이 주는 압박감을 없애기 위해 경쟁자가 없어지기만을 바란다. 그렇지만 경쟁자를 몰아내는 것만이 최상의 방법일까? 반드시 그렇지만은 않다. 경쟁이 주는 이점을 최대한 살릴 때 기업은 더 큰 이익을 얻을 수 있게 된다.

그렇다면 경쟁이 주는 이점은 무엇일까? 첫째로 경쟁이 주는 이점은 시장 규모를 빠르게 확장시킨다. 세상에서 가장 재미있는 구경이 싸움구경과 불구경이라고 한다. 왜 그럴까? 당사자는 죽을 맛이겠지만 그것을 보는 사람들은 묘한 흥분과 재미를 느끼기 때문이다. 시장의 경쟁도 마찬가지다. 하나의 기업이 독점을 하게 되면 자연스럽게 그 시장이나 제품은 소비자의 관심에서 멀어지게 된다. 치고받고 싸워야 사람들의 눈길을 끌 수 있다. 그래야 사람들이 제품이나 서비스에 관심을 갖게 되고 시장도 확대되는 것이다. 이동전화가 그 단적인 사례다. 처음 이동전화가 시장에 출시된 이후 5년 동안 200만 명에 머물던 가입자 수가 1997년 PCS가 등장하면서 단말기 가격이 낮아지고, 경쟁이 심해지면서 1년 만에 500만 명을 돌파하고, 2년이 지나서는 2,000만 명을 돌파했다.

둘째로 경쟁이 주는 이점은 나의 장점을 극명하게 보여줄 수 있다는 점이다. 혼자만 있을 때는 내 장점이 두드러지지 않지만 경쟁자가 있을 때에는 상대적으로 나의 장점이 극대화될 수 있기 때문이다. 이러한 효과를 "대조 효과contrast effect"라 한다. 즉 나와 비교되는 대상이 어떤지에 따라 나에 대한 평가는 좋아질 수도 나빠질 수도 있다. 우리가 가치 판단을 할 때 절대적으로 좋은지 나쁜지를 평가하는 것은 어렵지만 상대적으로 좋고 나쁨을 평가하는 것은 매우 쉽다. 시장에 내 제품보다 열등한 제품이 많을수록 내 제품에 대한 선택확률은 높아질 수 있기 때문에 대조 효과는 마켓 리더에게 경쟁이 주는 가장 큰 이점이라고 할 수 있다.

 **전통 음료** 시장을 만든 **비락식혜**

기업 입장에서 적의 적을 이용한다는 것은 무엇일까? 나와 같은 영역에서 싸우는 기업이 직접적인 경쟁자라면 나와 다른 영역에 있는 기업은 잠재적인 경쟁자라 할 수 있다. 코카콜라에게 펩시콜라(탄산음료)는 직접적인 경쟁자지만 델몬트 쥬스(과즙음료)는 간접적인 경쟁자이다. 코카콜라가 더 많은 제품을 팔 수 있는 방법은 두 가지다. 첫째, 탄산음료의 시장이 커져야 한다. 다른 말로 하면 과즙음료를 마시던 사람을 탄산음료를 마시게 해야 한다. 둘째, 펩시콜라를 마시던 소비자들이 코카콜라를 마시게 해야 한다. 그러나 첫 번째 조건이 만족되지 않으면 코카콜라가 매출을 증가시키는 데는 한계가 있다. 그러므로 탄산음료의 시장을 키우기 위해서 코카콜라는 펩시콜라를 이용하지 않으면 안 된다. 즉 치열한 경쟁으로 소비자의 이목을 집중시키는 것도 하나의 방법이다.

1993년 비락식혜는 출시되자마자 식혜붐을 일으켰다. 그동안 탄산음료에 길들여져 있던 소비자들에게 우리 전통 음료를 새롭게 부각시켜 '전통 음료'라는 새로운 시장을 만들어냈다. 1994년에 4백억 원에 못 미치던 식혜시장 규모가 1995년 말에는 2천 6백억 원을 넘어서는 등 폭발적으로 성장해 3천 1백억 원대의 콜라시장을 위협하기도 했다. 비락식혜의 성장에 힘입어 음료업체는 물론 식품·제약 업체까지 뛰어들어 시장을 넓혔다. 롯데 칠성음료의 잔치집식혜, 해태음료의 큰집식혜, 두산음료의 우리집식혜, 제일제당의 본가식혜, 진로의 진가식혜 등 40여 개의 제품이 출시되었다. 이처럼 수많은 식혜 제품들이 치열하게 경쟁하니 자연스럽게 소비자의 관심이 집중되면서 시장이 커지게 되었다. 일단 시장이 커지자 시장의 리더인 비락식혜의 매출이 느는 것은 당연한 일이다. 비록 수많은 아류 제품들이 등장하고 가격 경쟁으로 식혜시장이 많이 줄었지만 1993년 이후 비락식혜는 오로지 맛과 질로 대형업체의 덩치에 맞서 꿋꿋하게 시장을 지켜내고 선두자리를 고수해 지금까지 10억 병 이상을 판매하였다.

1995년 9월에 출시된 웅진식품의 가을대추도 이와 같은 맥락에서 이해할 수 있다. 가을대추가 출시된 지 1년 만에 1백억 원의 매출을 올리며 '건강 음료' 시장을 개척하자 해태음료의 큰집대추, 롯데칠성의 홍대추, 제일제당의 진한대추, 산가리아의 대추꿈, 대웅제약의 진한대추 등 대기업을 비롯해 군소음료업체까지 가세해 26개 업체가 대추음료를 생산하기 시작했다. 이로 인해 대추음료의 시장 규모가 1996년 7백억 원대로 급팽창해 식혜음료가 시판된 첫해(94년)의 매출 규모인 3백억 원을 훨씬 능가하였다.

# 모방 제품을 미끼로 **활용**한 **비타 500**

적의 적을 이용한 전략의 가장 큰 수혜자는 광동제약의 '비타 500' 일 것이다. 광동제약의 비타 500은 2001년에 49억 원의 매출을 기록한 뒤 2002년 96억 원, 2003년 2백 74억 원으로 매출이 급등했고 2004년 10월에는 4,800만 병을 팔아 월 판매량에서 40년 동안 부동의 1위를 차지하고 있던 박카스의 월 판매량을 넘어서기도 하였다. 현재 비타 500은 100여 개 제약사, 500여 개 품목이 난립하고 있는 비타민 음료 시장에서 약 70%의 시장 점유율을 차지하고 있다.

일반적으로 비타 500의 성공 비결을 세 가지로 보고 있다. 첫째, 발상의 전환이다. 지금까지 사람들은 비타민은 보통 과립이거나 정제형으로만 생각해왔다. 비타 500은 이러한 고정관념을 깨고 '마시는 비타민' 음료를 시장에 내놓았다. 그러면서 성인이 하루에 필요한 비타민이 5백㎎인 점을 착안하여 비타 500이라는 브랜드명으로 내놓았다.

둘째, 다양한 유통망을 활용할 수 있었다. 박카스는 일반 의약품으로 분류되기 때문에 일반 슈퍼마켓에서는 구입할 수 없지만 비타 500은 비타민 음료로서 유통에 따른 제약이 없다는 점을 잘 활용했다. 기존 약국 유통망에 의존하지 않고 슈퍼마켓과 편의점, 골프장, 사우나로 유통망을 확대해 소비자가 손쉽게 비타 500을 구입할 수 있었다.

셋째, 비타 500은 몸에는 좋고 카페인은 없는 음료라는 점을 내세워 소비자들에게 기존 기능성 음료와 다르다는 점을 효과적으로 인식시켰다. 일반적으로 비타민 C는 유해산소의 생성과 작용을 차단해 세포를 건강하게 유지시켜 줄 뿐만 아니라 수용성 비타민으로 몸에 축적되지 않고 소변과 함께 배출되기 때문에 복용량이 많아도 부작용이 없다는 장점이 있다. 그래서 웰빙을 추구하는 최근 소비자의 욕구와 맞아 떨어졌던 것이다.

또 다른 성공비결을 꼽는다면 바로 '모방 제품me-too'의 등장이다. 얼핏 보면 모방 제품이 등장하면 비타 500을 위협할 것으로 보이나, 오히려 비타민 음료 시장은 새로 형성된 시장이기 때문에 경쟁자가 많을수록 시장의 급팽창에서 오는 이점을 누릴 수 있다. 실제 비타 500이 출시된 이후 일명 모방 제품들이 하나둘씩 시장에 출시되기 시작했다. CJ의 제노비타, 녹십자상아의 비타마인, 영진약품의 비타씨, 삼성제약의 비타바란스 500, 해태의 비타미노 500, 고려양행의 비타파워 500, 한미전두유의 비타씨 500, 일화의 비타 2000, 반도제약의 비타C 1000, 삼진건강의 비타 900, 솔표의 비타 800, 삼익제약의 쿨비타C 500 등이 그것이다. 이제 음료 시장은 비타라는 유사한 이름을 사용한 비타민 음료들이 출시되면서 자연스럽게 소비자들의 관심을 받게 되었고, 그 시장도 커지게 되었다. 그러나 새로 나온 유사한 브랜드가 비타 500에 미치지 못하자 자연스럽게 모방 제품은 기존 브랜드를 돋보이게 하는 역할을 하였고, 결국 시장 확대의 이익은 고스란히 광동 비타 500의 몫이 되었다. 만약 이러한 경쟁 제품들이 없었다면 비타 500이 박카스를 위협할 만큼 클 수 있었을까?

최근 언론보도에 따르면 1984년 국내 최초의 분말 형태의 비타민 제품인 '레모나'를 선보인 이래 비타민제 시장의 50% 이상을 점유해온 경남제약의 레모나가 원비디, 영비천 등의 일양약품과 손잡고 비타민 드링크 음료 '레모나 D'를 출시한다고 한다. 또 한번의 비타민 음료 전쟁이 예상된다. 만약 새로운 전쟁에서 비타 500이 승리한다면 박카스의 매출을 능가할 수 있을 것으로 보인다.

경쟁자와 대등한 위치에 있는 브랜드는 열등한 모방 제품이 많을수록 리더가 될 확률은 높아진다. 분명 기업 입장에서 모방 제품의 등장은 큰 위협일 수 있다. 그러나 강력한 경쟁자가 있어 경쟁자를 자신의 힘만으로 제압하기 힘들 때에는 이런 열등한 모방 제품을 미끼로 적절히 활용하는 것도 좋은 전략일 수 있다.

끊임없는 **타협**과 **경쟁**의 **대선 파노라마**

국민 경선 이후 대권주자 노무현에게는 큰 위기가 닥쳐온다. 2002년 4월 15일 중앙일보 자체 조사 결과 노무현 후보(60.5%)와 이회창 후보(32.6%)의 지지율 격차는 28% 가까이 되었지만, 5월 24일 국민일보 여의도 리서치 조사결과 노무현 후보(42.7%)와 이회창 후보(42.2%)의 격차는 0.5%로 좁혀져 사실상 원점으로 돌아왔기 때문이다. 설상가상으로 6월 13일 지방선거 이후에는 전세가 역전되어 이회창 후보(49.8%)가 노무현 후보(36.9%)와의 격차를 더 크게 벌림으로써 노무현 후보는 안팎에서 공격을 받게 된다. 심지어 대선 60일이 남은 10월에는 한일韓日 월드컵 이후에 인기가 급상승한 정몽준 후보에게도 밀려 3위로 추락, 급기야 정몽준 후보와의 후보 단일화를 강요당했다. 결국 노무현 후보는 정몽준 후보와의 후보 단일화를 선택하게 되었고, 남은 기간 단일후보로 추대되기 위해 온 힘을 기울여야 했다.

11월 25일 밤 12시 30분 노무현 후보는 정몽준 후보를 이기고 단일 후보가 되었다. 정몽준 후보는 여론의 결과에 깨끗하게 승복했고, 이후 정몽준 후보는 노무현 후보의 지지 유세에도 참여하여 노무현 후보를 선택해달라고 호소하였다. 한때 이회창 후보에게 크게 밀리던 노무현 후보의 지지율은 대선 이틀 전에는 오차범위 내에서 접전을 벌이는 수준까지 만회되었고, 이런 박빙의 승부에 사람들의 관심은 모두 12월 19일 대선에 집중되었다.

국민 경선 이후 지지율이 하락하고 있던 노무현 후보 입장에서 정몽준 후보의 등장은 가장 큰 위협이면서 또한 가장 큰 기회이기도 했을 것이다. 선택이론을 보면 "정규성의 원리regularity principle"와 "유사성 효과similarity effect"라는 것이 있다. 만약 시장에 A와 B라는 두 개의 브랜드가 경쟁하고 있는 상황에서 새로운 브랜드 C가 시장 내에 진입하게 되면 기존 브랜드의 점유율은 어떻게 될까? 아마 새로운 브랜드 C의 등장으로 기존 브랜드 A, B의 시장 점유율은 잘해야 기존 점유율을 유지하거나 새로운 브랜드 C가 가져가는 것만큼 시장 점유율은 줄어들 것이다. 이것이 정규성의 원리다. 그렇다면 새로운 브랜드 C의 등장으로 가장 큰 피해를 입는 브랜드는 누구일까? 아마 새로운 브랜드 C와 유사한 브랜드일수록 더 큰 피해를 볼 것이다. 이것이 유사성 효과이다.

지난 대선을 보면 이회창 후보와 노무현 후보 둘이서 경쟁을 하고 있는 상황에서 한일 월드컵 4강 신화를 등에 업고 경쟁에 뛰어든 정몽준 후보로 인해 가장 큰 피해를 입은 쪽은 노무현 후보였다. 정몽준 후보의 지지층이 노무현 후보의 지지층과 겹치기 때문에 유사성 효과에 의해 표가 정몽준 후보와 노무현 후보로 나누어졌기 때문이다. 그렇다면 왜 정몽준 후보가 갑자기 지지를 받게 되었을까? 그것은 아마도 정몽준 후보가 이회창 후보처럼 너무 보수적이지도 않고, 노무현 후보처럼 너무 진보적이지도 않았기 때문이다. 즉 두 개의 극단을 회피할 수 있는 타협 대안이기 때문이다. 이러한 효과를 '타협 효과compromise effect", "극단성 회피 효과extremeness aversion"라 한다. 그래서 초기 정몽준 후보의 지지율은 급상승할 수 있었다. 이것을 그림으로 표현하면 다음과 같다.

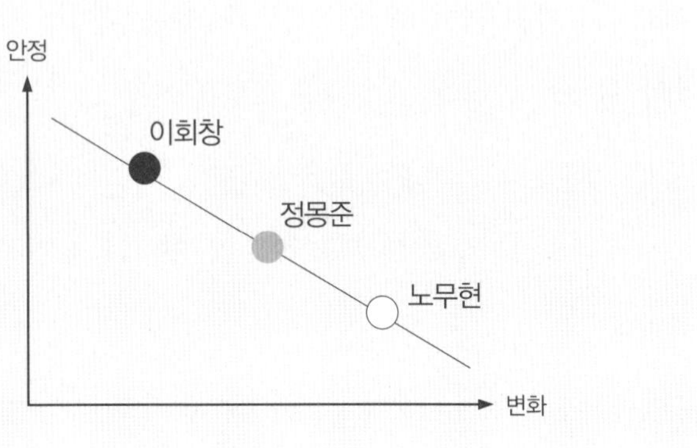

타협 효과 : 양 극단에 치우치지 않는 타협 대안 ➡ 지지율 상승

타협 대안인 정몽준 후보의 지지율이 계속 상승함에 따라 상대적으로 정몽준 후보와 유사한 노무현 후보의 지지율은 하락하였다. 반면에 정몽준 후보와 상대적으로 유사성이 떨어지는 이회창 후보의 지지율은 크게 변하지 않으면서 32%의 지지율을 안정적으로 유지할 수 있었다.

이런 상황이다 보니 민주당 내에서는 반反 이회창 연대를 구성하기 위해서는 정몽준 후보와의 후보 단일화를 해야 한다는 이야기가 공공연히 나오게 되었고, 국민 경선으로 뽑힌 노무현 후보 입장에서는 매우 억울하고 받아들이기 힘든 결정을 해야 했다. 그러나 노무현 후보는 명분 없는 단일화라는 비난에도 불구하고 현실을 냉정히 받아들였다. 여기에는 과거 1987년 야권에서 강력히 주장했던 김대중, 김영삼 후보 단일화 실패가 보여준 결과가 크게 작용했을 것이다. 1987년 민주화 투쟁으로 직선제를 쟁취하고 난 후 어느 누구도 당시 민정당 후보인 노태우 후보가 대통령이 될 거라고는 생각도 못했다. 그러나 김대중, 김영삼 후보 단일화 실패로 결국은 지지 세력이 양분되고 어부지리로 노태우 후보가 대통령으로 당선됨으로써 변화를 바랬던 많은 국민을 실망시켰던 산 경험이 있었기 때문이다.

또 하나는 대선이 얼마 남지 않은 상황에서 공정한 경쟁을 통한 후보 단일화는 사람들의 이목을 끌 수 있는 빅 이벤트라는 것이다. 실제로 후보 단일화 논의가 급물살을 타게 되면서 단일화 합의 직전 이회창 후보(41.4%)와 노무현 후보(33.2%)의 지지율 격차가 후보 단일화 합의 후에는 각각 38%와 36%로 급격히 줄어들었고, 후보 단일화에서 승리를 거둔 노무현 후보의 지지율은 대선 후보 등록일인 27일에는 45.7%까지 올라 이회창 후보(38.6%)를 7.1% 앞서게 되었다. 이런 결과를 그림으로 표현하면 다음과 같다.

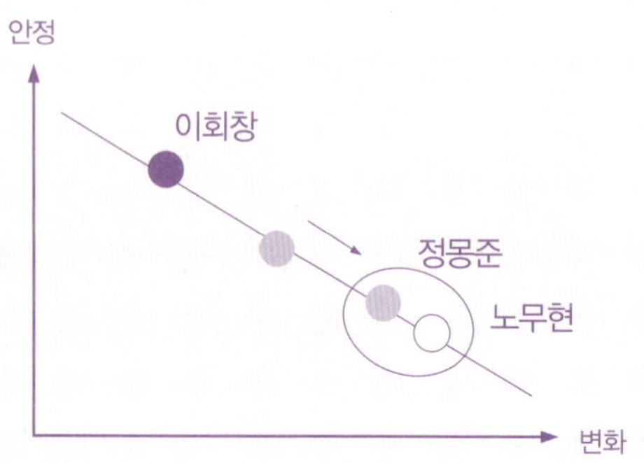

범주화 효과 : 후보 단일화 추진 ➡ 국민의 관심 집중

위 그림에서 보듯이 타협 대안이었던 정몽준 후보가 노무현 후보와의 후보 단일화에 합의함으로써 국민의 관심을 받게 되었고, 이런 치열한 경쟁으로 인해 상대적으로 이회창 후보는 국민의 관심 밖으로 밀려나게 되었다.

결국 단일 후보 노무현의 탄생은 국민들의 무게중심을 변화, 진보 쪽으로 이동시켰다. 이러한 효과를 '범주화 효과' 라 한다. 즉 새로운 범주(후보 단일화)가 생기고 새로운 범주 내에 경쟁이 심해지면 소비자의 관심이 높아지게 되기 때문이다. 이런 범주화 효과로 인하여 노무현 후보는 국민 경선 이후 하락하던 지지율이 회복되었고 나아가 전세를 역전시킬 수 있었다.

대선 전날까지 어떤 후보가 승리할지 예측 불가능했던 상황에서 노무현 후보에게 청천벽력과 같은 소식이 전해졌다. 바로 정몽준 의원이 "노무현 후보 지지 철회"라는 극단의 카드를 꺼내든 것이다. 그러나 아이러니하게도 정몽준 후보와의 후보 단일화나 정몽준 후보의 지지 철회 선언은 노무현 후보를 위협하기보다는 노무현 후보의 승리를 도와주는 결정적인 계기가 되었다. 어쩌면 노무현 후보의 대통령 당선 일등공신은 정몽준 후보가 아니었을까싶다.

정몽준 의원은 후보 단일화 이후 대선을 하루 앞둔 2002년 12월 18일 저녁 유세장에서 자신의 지지 철회 선언은 상호신뢰와 존중의 후보 단일화 정신이 일방적으로 파기된 데 따른 불가피한 선택이라고 했지만 흥미로운 것은 선거를 하루 앞둔 시점에서 벌어진 이 돌발적인 사태가 노무현 후보와 정몽준 의원에게 각기 다른 결과를 가져왔다는 점이다.

정몽준 의원의 노무현 후보 지지 철회는 노무현 후보 지지자에게 또 한번의 적극적인 참여를 불러일으켰다. 언론을 통해 지지 철회 소식이 알려지자마자 노사모를 중심으로 투표 참여를 독려

하는 메일과 메시지가 급격히 번져나갔고 투표에 무관심했던 20
대 유권자를 결집시킴으로써 노무현 후보는 대통령으로 당선되
었다.

반면 정몽준 의원은 이유야 어찌 되었건 간에 마지막 순간에
합의를 깼다는 사실만으로 정치적 치명타를 받게 되었다. 기존
에 '노무현 후보와 당당히 싸워 결과에 승복한 사람'이라는 정
몽준 의원의 위치가 급격히 추락하여 노무현 후보에 비해 절대
적으로 열등한 위치로 바뀌었다.

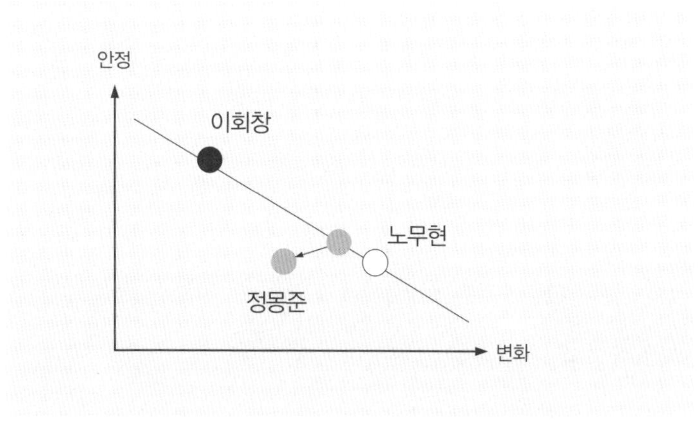

유인효과 : 정몽준 후보의 노무현 후보 지지 철회
➡ 노무현 후보의 매력도 증대

앞 그림에서 보듯 노무현 후보와 대등했던 정몽준 후보의 위치가 절대적으로 열등한 위치로 변함으로써 노무현 후보의 상대적 매력도는 증가하였다. 노무현 후보는 리더가 되기 위해 경쟁을 두려워하거나 회피하려 하지 않았다. 그러다 보니 다른 사람들의 눈에 노무현 후보의 삶은 고난의 연속으로 보였을 것이다. 그렇지만 노무현 후보는 치열한 경쟁이 있었기 때문에 국민들의 주목을 받았고, 경쟁에서 승리함으로써 자신에게 회의적이던 사람들을 하나 둘씩 자신의 편으로 만들 수 있었다.

반면에 이회창 후보는 한나라당 경선에서부터 절대적인 우세에서 대통령 후보가 되었고, 그 이후에도 이회창 후보를 위협하는 유사한 후보가 없었기 때문에 부동층의 관심을 받지 못했고 결국은 평탄했던 대선 기간 동안의 행보가 결정적인 순간에 가장 큰 고통을 주었다. 이회창 후보가 아들 병역 의혹과 같은 내부적인 문제로 고민을 했다면 노무현 후보는 외부의 경쟁자와 끊임없이 싸워야 했던 점이 승리의 결정적 요인이 되었다고 볼 수 있다.

대리전을 **활용**하라

필립 모리스는 자사의 **프리미엄 브랜드**인 '말보로'를

경쟁자의 저가 제품이 공격하자

곧바로 저가의 **방패 브랜드**인 '베이직'을 출시하여

말보로를 보호하였다.

왜 **대리전**을 **활용**해야 하는가?

어느 날 20대 남자가 초등학교 옆을 지나가는데 축구공이 자기 앞으로 굴러왔다. 어디서 굴러온 공인가 둘러보니 저 멀리서 초등학생이 달려오고 있었고 순간 남자는 빙그레 미소를 지으며 공을 집었다고 한다. 초등학생이 오자 남자는 웃으며 "공놀이 할 때는 조심해야지"하며 말을 건넸다. 당연 "아저씨 고맙습니다"라고 할 줄 알았던 아이에게서 뜻밖의 말을 들었다. "아저씨가 무슨 상관이예요?" 순간 남자는 당황했고 가만히 생각하니 화가 났다. 그래서 남자는 씨~익 웃으면서 "하긴 내가 상관할 바가 아니지"하고 공을 발로 뻥 차버렸다. 그리고는 "어여 가서 주워라."

예전에 읽었던 글이다. 이 글을 본 사람들의 반응은 대체로 "잘했다. 그런 버릇없는 애는 혼이 좀 나야 한다" 등이었다. 만약 그 남자가 화가 나서 아이의 버릇없는 말투를 이유로 아이에게 꿀밤을 주었다면 어떻게 되었을까? 잘못하다가는 지나가는 사람에게 어른이 아이와 싸우고 있다고 손가락질을 당했을지도 모른다. 굳이 이 이야기를 꺼낸 이유는 사람들은 누가 누구와 싸운다면 일단 둘을 같은 선상에서 바라본다는 것이다. 그러다 보니 어른이 아이와 싸우면 그 어른은 애들처럼 유치한 사람으로 치부되고 그 순간부터 어른답지 못하다고 비난 받을 확률이 크다. 따라서 리더는 함부로 싸움을 해서는 안 된다. 일단 자신을 대신하여 싸워 줄 사람을 찾아야 한다.

 후발주자에게 브랜드 파워에서 승리하라

기업 간의 경쟁도 싸움과 매우 유사하다. 만약 내가 상대방의 리더와 1:1로 싸우면 승패를 떠나 그 자체만으로도 나의 위치는 올라간다. 바로 동급이 되는 것이다. 마케팅에서는 기업을 대표하는 브랜드를 "주력 브랜드flagship brand"라 한다. 경쟁자는 항상 상대 기업의 주력 브랜드를 공격 목표로 삼고 전쟁을 시작한다. 이때 주력 브랜드가 사용할 수 있는 전략은 크게 두 가지다. 하나는 주력 브랜드가 직접 나서서 싸우는 방법이고, 다른 하나는 다른 브랜드를 통해 대리전을 치르게 하는 것이다.

언제나 시장 리더는 경쟁자의 표적이 되기 마련이다. 그러다 보니 시장 리더는 경쟁자와 자신이 직접 싸우지 않고 자신을 대신해서 싸울 수 있는 브랜드가 필요하다. 이처럼 경쟁 브랜드의 공격에 대응하여 만들어진 브랜드를 "방패 브랜드flanker brand or fighter brand"라고 한다.

그렇다면 기업은 언제 방패 브랜드를 이용할까? 보통 선도 기업은 자신의 브랜드가 가지고 있는 브랜드 파워로 인해 시장 내에서 프리미엄 가격을 받기 마련이다. 사정이 이러하다 보니 후발주자들은 주로 저렴한 가격을 바탕으로 시장 리더를 공격한다. 후발주자가 가격 경쟁으로 공격을 할 경우 리더가 택할 수 있는 방법은 크게 세 가지가 있다.

첫째, 가장 단순한 방법으로 기존 제품 가격을 인하하여 경쟁 브랜드에 맞선다.

둘째, 직접적인 가격 경쟁을 피하고 이미지를 강화시킨다.

셋째, 기존 이미지를 강화시키면서 경쟁자와 가격 경쟁을 벌일 수 있는 방패 브랜드를 도입한다.

세 가지 방법 중에 첫 번째인 기존 제품 가격을 인하하는 방안은 가장 위험하다. 리더가 가격을 내리면 경쟁자도 가격을 내리기 때문에 잘못하면 출혈 경쟁으로 이어져 기업의 수익성이 약화될 수 있다. 설령 경쟁자의 공격을 효과적으로 방어했다 할지라도 향후에 일단 내린 가격을 다시 원래 가격으로 되돌리기는 소비자들의 반발 때문에 쉽지도 않다.

또한 가격을 인하하면 기존 프리미엄 이미지가 손상될 수 있는 측면이 있다. 때에 따라 달라질 수 있지만 보편적으로 후발주자가 가격으로 경쟁을 유도할 경우 리더도 같이 가격으로 승부하기보다는 리더의 강점인 이미지로 승부하는 것이 올바른 방법이다. 그러나 그 가격 차이가 너무 커서 이미지만으로 방어하기 힘들 경우 사용되는 것이 바로 방패 브랜드이다.

과거 필립 모리스Philip Moris는 자사의 프리미엄 브랜드인 '말보로Malboro'를 경쟁자의 저가 제품이 공격하자 곧바로 저가의 방패 브랜드인 '베이직Basic'을 출시하여 말보로를 보호하였다. 또한 인텔Intel의 경우에도 1998년 AMD사가 저가 프로세스 칩으로 자사의 펜티엄 프로세스 칩을 위협하자 가격을 낮춘 셀로론Celoron을 출시하여 고가 프로세스 칩 시장을 보호하였다.

소비자의 **기호**를 바꿔라 – **풀무원**

1981년 농산물 직판장으로 시작하여 2004년 총 자본금이 1천 3백 23억을 가진 기업으로 성장한 풀무원은 국내에 처음으로 유기농 식품을 선보인 회사다. '내 가족이 안심하고 먹을 수 있는 식품'이라는 기치 아래 포장두부라는 새로운 형태의 제품을 내놓았다. 풀무원은 건강을 생각하는 소비자가 늘어나고 주부들의 입소문으로 짧은 시간 안에 급속히 성장하였다. '대장간에서 풀무질하듯 쓸모 있는 사람을 만들기 위해 인간 풀무질을 하는 곳'이라는 의미로 지어진 풀무원이란 이름답게 1994년 5월에 '인간과 자연을 함께 사랑하는 고객 기쁨 경영'을 경영이념으로 삼아 소비자뿐만 아니라 회사의 종업원과 사회 나아가 자연까지도 넓은 뜻의 고객 범주에 포함시켰다.

풀무원은 '화학조미료 무첨가' '식품 안전 및 신선도 유지' 등 제조원칙을 철저히 지켜왔고, 성장촉진제로 3, 4일 만에 다 자란 콩나물이 시중에 판칠 때도 7일간 물로 키운 자연 콩나물만을 고집했다. 이처럼 노력한 결과 소비자는 풀무원에서 만든 식품은 안전한 자연식품으로 기억하게 되었다.

풀무원 두부가 고가 고품질의 이미지로 날개 돋친 듯 팔리면서 시장을 석권하자 다른 업체에서 내놓은 저가 포장 두부들이 시장에 하나 둘씩 진입하기 시작하였다. 이에 대응하여 풀무원은 저렴한 '찬마루'를 출시했다. 그래서 풀무원의 프리미엄급 이미지를 유지하면서 저가의 경쟁 상품에 효과적으로 대응할 수 있었다. 찬마루라는 방패 브랜드의 출시로 저가 두부의 1차 공격을 효과적으로 진압한 풀무원은 주력 브랜드의 고가 이미지와 시장을 효과적으로 보호할 수 있었다. 풀무원은 이후 승승장구하며 1천 5백억 원의 두부 시장에서 70%의 시장 점유율을 차지하며 독주하였다.

그러나 2005년 초 무렵에 대기업 CJ가 두부 시장에 진출한다는 소식이 전해지자 풀무원에 비상이 걸린 건 물론이고 주식 시장에 엄청난 영향을 미쳐 풀무원의 주가는 무려 40% 가까이 하락했다.

CJ가 저온에서 숙성시켜 두부를 끓일 때 넣는 소포제와 유화제 등 인공첨가물을 전혀 쓰지 않은 '행복한 콩' 두부를 3년간 공들여 개발, 출시하기로 하였다. 그동안은 두유를 끓일 때 발생하는 기포를 억제하는 소포제와, 콩국이 응고될 때 급속응고를 방지하는 유화제 같은 첨가물을 써왔다. 따라서 CJ가 자신들은 인공 첨가물을 전혀 쓰지 않은 두부라고 풀무원을 공격한다면 자연을 강조하는 풀무원의 이미지에 심각한 타격을 줄 수 있는 위험한 상황이었다.

이에 풀무원은 새 감압응축탈기 기술을 적용하여 소포제를 쓰지 않은 온두유 방식의 '고농도-콩가득 두부'를 CJ보다 일주일 앞서 출시하였다. 특히 새로 출시된 이 두부는 기존 제품에 비해 30% 이상 온두유를 더 사용한 고농도 프리미엄 두부로, 순두부가 높은 밀도로 압착되는 공정을 거쳐 고소하고 부드러운 맛을 지니면서도 찰기도 세다. 풀무원은 이러한 특징을 강조하여 홍보했다.

풀무원은 CJ의 공격에 효과적으로 대응하기 위해 다음과 같은 전략을 사용하였다. 첫째, CJ와 동일한 제조공법을 가진 고농도-콩가득 두부를 CJ 제품보다 일주일 앞서서 100원이 더 비싼, 2,800원(1모)에 출시해 CJ와의 차별점을 희석시켰다. 둘째, CJ가 "첨가제를 사용하느냐 안 하느냐"로 건강과 맛을 내세웠다면 풀무원은 "맛이 진한가, 약한가"를 비교하게 함으로써 소비자 기호의 문제로 홍보에 집중했다. 셋째, 단순히 CJ의 공격을 피하는 것에 국한시키지 않고 CJ의 기술이 일본 기술인 반면 풀무원의 기술은 세계 최초로 개발해 특허 출원한 풀무원만의 기술이라는 점을 부각시킴으로써 CJ를 역공격하였다.

이런 풀무원의 전략은 '고농도-콩가득 두부'라는 방패 브랜드를 이용하여 소비자들의 관심을 첨가제를 사용하느냐 안하느냐의 문제에서 일본 기술이냐 국산 기술이냐의 문제로 전환시켰다는 점에서 매우 지능적이고 효과적인 전략이라 할 수 있다.

"팜유냐, 콩기름이냐" 논쟁을 막아라 – 농심

라면 시장에서 점유율이 미미했던 빙그레는 1997년부터 라면 시장의 판도를 뒤집기 위한 프로젝트를 준비하였다. 즉 기존 라면이 모두 다량의 콜레스테롤을 함유하고 있는 팜유를 사용하고 있다는 점에 착안하여 콜레스테롤이 없는 콩기름을 사용한 라면을 개발하였다. 만약 시장에서 "팜유냐 콩기름이냐"라는 논쟁이 불거지기만 하면 빙그레는 지금까지의 열세를 한번에 만회할 수 있다는 기대에 부풀어 있었다.

한편 지난 1986년에 출시된 후 하루 평균 300만 개(2001년 기준)의 매출량을 자랑하는 신라면을 보유하고 있는 농심으로서는 "팜유와 콩기름" 논쟁을 어떡해서든지 막아야 하는 입장이었다. 그래서 빙그레가 1998년 11월 28일에 '매운 콩라면'을 출시할 계획이라는 정보를 입수한 농심은 재빨리 빙그레보다 3일 앞선 11월 25일에 '농심 콩라면'을 출시했다. 재미있는 사실은 농심 콩라면은 콩기름으로 튀긴 것이 아니라 '콩펩타이드'라는 콩 성분을 포함시킨 라면이라는 점이다. 당시 황수관 박사를 모델로 기용하여 단기간에 농심 콩라면을 알리는 데 주력하였다.

이로써 농심은 "팜유 대 콩기름" 논쟁을 사전에 차단하고 빙그레의 매운 콩라면도 자사와 같이 콩 성분이 들어간 유사한 라면으로 소비자들이 인식하도록 만들 수 있었다. 비록 빙그레가 팜유 일색의 라면 시장에 콩기름을 사용한 '매운 콩라면'을 출시하여 연간 450억 원의 매출을 올리는 히트 상품을 만들기는 했지만 농심 콩라면이라는 방패 브랜드에 막혀 처음 의도대로 농심의 주력 브랜드인 신라면에 타격을 입히는 데에는 실패한 셈이다.

# 대통령에 딴죽걸기, 밑져야 본전

노무현 대통령은 취임 초기 권력의 열세를 만회하고 개혁을 이루기 위해 직접 야당과의 싸움을 진두지휘했다. 그러나 대통령과 야당의 싸움은 국민들의 눈에 곱게 보이지 않았고 이로 인해 대통령의 권위는 추락하였으며 야당의 지위는 대통령과 힘을 겨루는 상대로 막강해졌다. 대통령이 야당과 직접 싸움을 시작하니 상대적으로 여당의 지위는 하락하였고 그저 대통령과 야당과의 싸움을 지켜보는 수밖에 없었다. 그러다 결국에는 대통령 탄핵이라는 초유의 사태가 발생하였다.

그러나 탄핵 이후 '여대야소'의 17대 국회가 탄생하자 탄핵 복귀 후 노무현 대통령은 분권형 국정운영, 책임 총리제 운영 방침을 밝혔다. 앞으로 큰 틀에서 일상적인 국정 운영은 총리가 총괄해 나가도록 하고, 대통령은 장기적 국가전략과제, 주요 혁신과제를 추진하는 데 집중해 나아갈 것이라는 입장이다. 책임총리제의 도입으로 노무현 대통령은 반反부패, 국토 균형 발전, 정부혁신 등 국가적 아젠다Agenda를 추진하고 통일·외교·안보 등 외치外治에 주력하며 국내 분야에 대한 발언을 자제할 것이라 이야기하였다.

한편 책임 총리의 역할을 맡고 있는 이해찬 국무총리는 국회 대정부 질의에서 한나라당을 "차떼기 당"이라고 발언함으로써 국회는 파행된 후 본격적으로 야당과 총리와의 힘겨루기가 시작되었다. 책임 총리제 도입 이후 과거의 대통령과 야당이라는 경쟁 구도가 이제는 여당과 야당, 총리와 야당으로 바뀜으로써 노무현 대통령은 상대적으로 전선에서 이탈하여 상황을 관망할 수 있는 유리한 입장을 가질 수 있게 되었다. 이처럼 책임 총리제의 등장으로 이제 노무현 대통령은 야당과 직접 대결해야 할 이유가 없어졌고 따라서 대통령이 정쟁에 앞장선다는 비난을 피할 수 있는 상황이 만들어진 것이다.

반면에 과거 대통령과 직접 싸우던 야당으로서는 대통령과 대등하게 맞설 수 있는 상대가 아닌 총리와 세 겨루기를 하는 형국이 되었다. 이로써 노무현 대통령은 책임 총리제의 도입으로 야당과 싸우는 대통령의 이미지가 아니라 국가의 발전을 위해 노력하는 대통령이라는 프리미엄급 이미지를 되찾을 수 있는 계기를 만들었다.

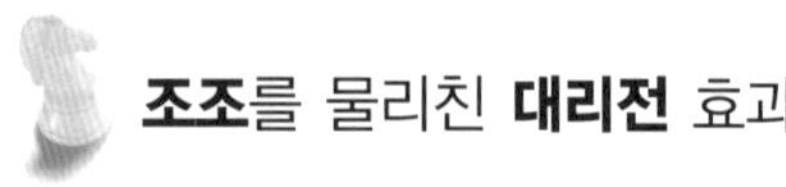

조조를 물리친 **대리전** 효과

주유周瑜가 오나라의 대장으로 있었을 때의 일이다. 조조는 수전水戰에 능한 오나라의 장수 채모蔡瑁와 장윤張允의 투항을 받아주며 장강을 넘어 남방을 평정하려 준비하고 있었다. 이때 조조는 자신의 책사인 장간蔣干이 주유와 동문수학했다는 점을 활용하여 오나라 대장인 주유를 포섭하려 했다. 주유는 자신을 찾아온 장간을 이용하기 위해 자신이 채모와 장윤과 내통하는 것처럼 거짓으로 편지를 써서 베개 옆에 놔두었고 이 편지를 건네받은 조조는 대노하여 채모와 장윤을 죽였다.

일단 수전에 능한 채모와 장윤을 없애는 데 성공한 주유는 조조의 수군을 화공으로 제압하기 위해 두 가지 계략을 짰다. 먼저 자신과 오나라의 장군인 황개黃蓋가 대립하는 것처럼 꾸민 후 황개를 벌하여 조조에게 거짓 투항하도록 만들었다. 한편 자신을 다시 찾아온 장간을 서산에 연금해 우연을 가장하여 방통龐統을 만나게 했다. 방통은 장간의 소개로 조조 진영에 들어갔고 군영을 순시하던 중 자신에게 의견을 묻는 조조에게 "북방 군사는 수전에 익숙하지 않아 풍랑에 배가 흔들리면 배멀미가 일어날 것이니 물에 떠있는 배를 서로 단단히 엮어 육지처럼 평온하게 만들라” 며 제안을 하였다.

이에 조조는 방통의 말처럼 배들을 묶었다. 그리고 투항해오는 황개를 기다리고 있었다. 멀리서 배에 기름과 나무, 유황 등 인화물질을 가득 싣고 오는 황개를 무방비 상태에서 기다리던 조조는 갑자기 황개의 배에서 날아온 불길에 속수무책으로 당할 수밖에 없었다. 이 틈을 타 주유의 수군마저 공격하니 조조는 목숨을 유지하기 위해 황급히 도망쳐야 했다. 이것이 그 유명한 적벽대전赤壁大戰이다. 주유는 자신이 직접 싸우지 않고 장간을 통해 대리전을 효과적으로 치러냈고 결국 힘들이지 않고 조조의 대군을 물리칠 수 있었다.

6

네트워크로 경쟁하라

과거의 경쟁이 개인의 능력과 개별 기업의 규모에 의해 좌우되었다면

지금은 누가 얼마나 많은 **네트워크**를

보유하고 있느냐가 **승리의 관건**이 된다.

왜 **네트워크**로 **경쟁**해야 하는가?

시장의 리더로 오래 남는 방법 중 하나가 바로 시장의 표준standard이 되는 것이다. 어쩌면 모든 경쟁은 시장의 표준이 되기 위한 전쟁일지도 모른다. 그렇다면 어떻게 표준이 될 수 있을까? 표준이 된다는 것은 많은 사람들이 기준으로 삼는다는 의미이다. 기준이 되기 위해서는 많은 사람들이 이용해야 가능해지기 때문에 더 많은 사람들이 내가 만들어 놓은 표준을 쓸 수 있도록 네트워크를 만들어 확장시켜야 한다. 과거 싸움의 양상이 개인 대 개인, 기업 대 기업의 싸움이었다면 지금은 네트워크간 싸움의 양상으로 변하고 있다.

과거의 경쟁이 개인의 능력과 개별 기업의 규모에 의해 좌우되었다면 지금은 누가 얼마나 많은 네트워크를 보유하고 있느냐가 승리의 관건이 된다. 이런 네트워크의 힘을 "네크워크의 외부성" 또는 "메칼프의 법칙"이라고 부른다. 이더넷Ethernet의 창시자 밥 메칼프가 제창한 법칙으로 네트워크의 가치는 참여자 수의 제곱에 비례한다는 것을 의미한다. 네트워크의 가치가 기하급수적으로 증가하기 때문에 일단 네트워크의 참여 구성원이 많아질수록 기존 네트워크에 속해 있는 사람이 다른 네트워크로 이동하는 데 어려움을 느끼게 된다. 이런 어려움에는 기존에 받았던 혜택을 포기해야 한다는 경제적인 비용도 있지만, 새로운 네트워크에 적응해야 하는 심리적 부담도 있다. 일반적으로 이러한 비용을 전환비용switching cost이라 하는데, 이 비용이 커질수록 그 네트워크에 "로크-인Lock-in", 즉 갇히게 된다고 한다. 그러므로 남들이 네트워크를 확장시키기 전에 더 빨리, 더 크게 네트워크를 확장시켜야 경쟁에서 승리할 수 있다.

 ## 네크워크 경쟁력으로 승부하라 – 마이크로 소프트

지금은 사정이 달라졌지만 몇 년 전까지만 해도 전 세계의 문서 편집 프로그램은 당연 마이크로 소프트 워드Microsoft Word다. 유일하게 대한민국만 예외였다. 왜냐하면 우리나라에는 한글 프로그램이 있었기 때문이다. 당시 불법 복제가 공공연하게 이루어지던 때라 아래아 한글에서 마이크로 소프트 워드로 문서 편집 프로그램을 바꾸는 데 소요되는 금전적 비용은 거의 없었다.

그럼에도 불구하고 마이크로 소프트 워드가 고전한 이유는 딱 한 가지다. 소비자가 느끼는 심리적 전환비용 때문이다. 지금까지 아래아 한글을 사용하면서 익혔던 각종 단축키와 편집 기술을 버리고 새롭게 마이크로 소프트 워드의 기능을 새로 학습해야 하는 심리적 비용이 너무 컸기 때문이다.

당시 아래아 한글은 문서 프로그램의 표준을 선점하고 있었다. 그렇다면 마이크로 소프트는 어떻게 아래아 한글의 힘을 무력화시켰을까? 일단 한글과 컴퓨터의 재정 상태가 악화되어 지속적으로 기술이 개발되지 못한 이유도 있지만 가장 큰 이유는 마이크로 소프트가 '오피스Office'라는 문서 작업에 필수적인 다른 표준을 선점하고 있었기 때문이다. 프로그램 사용자에게 가장 중요한 것은 바로 호환성인데 당시 아래아 한글은 마이크로 소프트 오피스와 호환성에 문제가 있었다. 게다가 외국과 문서 교환을 해야 하는 개인이나 기업의 입장에서 보면 국내에서만 사용하는 아래아 한글로는 문서 교환이 불가능하기 때문에 어쩔 수 없이 마이크로 소프트 워드를 선택해야만 했다. 마이크로 소프트는 MS 워드와 MS 윈도우, MS 오피스를 하나의 네트워크로 묶어 한글과 컴퓨터를 조금씩 무력화시킬 수 있었다.

가끔 신문 기사 중 '리눅스Linux'라고 하는 새로운 형태의 컴퓨터 운영체계에 대한 이야기가 나온다. 리눅스는 오픈 소스open source로 무료이고 어느 특정 기업이 아닌 많은 기술자들의 협업 collaboration을 통해 발전되어 온 프로그램이다. 그렇지만 마이크로 소프트 윈도우에 비해 무료이고 여러 가지 장점이 있음에도 불구하고 리눅스가 보급되지 않고 있다. 왜 그럴까?

가장 큰 이유는 아직까지 리눅스 운영체계에서 실행되는 응용 프로그램이 많지 않기 때문이다. 응용 프로그램을 만드는 기업의 입장에서는 윈도우용과 리눅스용 두 가지 프로그램을 모두 만드는 것보다는 윈도우용 프로그램 하나만 만드는 것이 비용 절감 측면에서 유리하기 때문에 굳이 리눅스용 응용 프로그램을 만들어야 할 이유가 없다. 한마디로 MS가 소프트웨어 업체들과 강력한 네트워크로 형성되어 있기 때문에 단순히 MS만을 공격하는 것은 무의미한 것이다.

이와 같이 마이크로 소프트가 자체 네트워크로 시장을 효과적으로 지배한 경우라면 다음 사례는 외부 업체와 형성된 네트워크의 힘으로 시장을 계속 장악하고 있는 경우라 할 수 있다.

경쟁자를 키워 **제휴**하라 – **JVC**

네트워크를 만들어 경쟁하는 것은 MS처럼 기술적 표준을 선점한 경우가 아니고 경쟁자와 시장 표준이 되기 위해 싸워야 하는 상황에서도 매우 효과적이다. 1970년대 가정용 비디오VTR 시장 표준을 놓고 소니와 JVCVictor Company of Japan Ltd.사는 서로 한 치의 양보도 없이 경쟁하고 있었다. 그러다 보니 시장에는 소니의 베타방식과 JVC사의 VHS방식이 서로 따로따로 통용되고 있었다.

가장 큰 문제는 이 두 가지 방식이 서로 호환이 되지 않아 소비자만 이래저래 불편함을 겪어야만 했다. 가정용 VTR의 재생 방식 차이 때문에 모처럼 친구에게 비디오테이프를 빌려도 볼 수 없는 경우가 많았다. 결국 이런 소비자의 불편함은 가정용 VTR 기술 표준 전쟁에서 JVC가 최종 승자가 되기까지 이어졌다.

JVC는 소니와의 전쟁에서 어떻게 승리했을까? 흥미롭게도 JVC가 가정용 비디오 시장 표준 전쟁에서 승리한 방법은 자신을 위협할 수 있는 잠재적 경쟁자를 육성한 것이다. 언뜻 보면 위험한 전략인 것 같지만, JVC는 자신들의 VHS 특허기술을 필립스 등 경쟁업체들에 기술을 전수하고 헐리우드 영화사들과 적극적으로 제휴하는 방식으로 동맹군을 만들었다. 결국 소비자들은 더 많은 회사가 채택한 방식인 JVC 회사의 VHS를 선호하게 됨으로써 소니의 베타방식을 시장에서 몰아내고 가정용 비디오 시장을 석권할 수 있었다.

마일리지 서비스의 혁명을 일으켜라 – OK 캐쉬백

SK주식회사는 1천 6백만 명에 이르는 주유 고객과 휴대전화 고객 그리고 SK그룹 전 계열사 회원을 대상으로 1999년 적립식 할인서비스 사업을 시작했다. "OK 캐쉬백"이라 불리는 이 서비스는 업계에 엄청난 반향을 불러일으켰다. 2000년 SK주유소, 011 이동전화, 신세계, 이마트 등 전국 오프라인 가맹점 2만여 점포에서 제품을 사거나 서비스를 이용할 때 적립된 OK 캐쉬백 포인트를 6백여 개 사이버 쇼핑몰에서도 쓸 수 있게 만들었다. 사용가능 포인트를 기존 2만 점에서 5천 점으로 줄이자 그동안 숫자에 지나지 않았던 포인트가 현금과 동일한 용도로 쓰일 수 있는 길이 열렸다. 고객들은 흩어져 있는 포인트가 통합되니 포인트 적립이 용이하고, 참여기업은 고객을 늘릴 수 있는 효과적인 방법이라는 점에서 고객과 기업을 중심으로 OK 캐쉬백의 네트워크는 급속도로 확장되었다. 2001년에는 오프라인 가맹점이 버거킹, 종로서적, 이마트 등 5만여 개로 늘어나는 등 포인트를 적립할 수 있는 장소가 점점 늘어났다.

또 축적된 포인트로 아바타나 전화 벨소리를 다운로드 하는 등 온라인 소액 결제 수단으로 활용도가 높아지면서 마일리지 서비스mileage service의 혁명을 가져왔다. 특히 소액 결제 수단으로 확대됨으로써 그동안 수익모델의 빈곤으로 가사 상태에 있던 닷컴 기업들의 아이템도 판매량이 늘었다. 네트워크의 속성상 회원수가 많은 곳에 기업은 가맹점으로 가입하려고 할 것이고, 적립된 포인트를 이용할 수 있는 가맹점이 많을수록 소비자는 매력을 갖기 때문에 이미 커진 OK 캐쉬백의 네트워크를 후발주자가 따라잡기란 매우 어려울 것으로 보인다.

호족을 자신의 **네크워크로** 끌어들인 **왕건**

나보다 강해 보이는 상대와 싸운다면 대적할 수 있는 무기나 사람이 필요할 것이다. 내가 비록 물리적으로 힘이 약하더라도 무기를 가지고 있으면 어느 정도 대항할 수 있다. 또 자신을 도와줄 사람이 있으면 상대방을 압도할 수 있다. 그러므로 홀로 싸우는 것보다는 자신의 약한 점을 극복할 수 있는 네트워크를 만드는 것이 매우 중요하다.

자신의 약한 힘을 네트워크의 힘으로 극복하고 리더가 된 사람이 있는데 그가 바로 왕건이다. 고대의 왕들이 저마다 탄생 설화를 가지고 있듯이 태조 왕건에게도 이와 유사한 이야기가 있다. 『고려사』 세계世系에 보면 왕건의 탄생에 대해 이렇게 이야기하고 있다.

어느 날 왕건의 아버지 융건이 집을 짓고 있는데 도선이라는 선승이 와서 "이곳은 지맥이 임방壬方인 백두산에서 시작하여 수모水母의 나무를 줄기로 삼다가 말머리 명당에서 그칩니다. 그러므로 그대 또한 물의 운명이니 마땅히 물의 대수大數에 따라서 집을 지어야 합니다. 천지의 대수에 부응하면 내년에 반드시 성자聖子를 낳게 되니 부디 아이의 이름을 왕건이라 하십시오”라며 집을 다시 새로 지을 것과, 훗날 왕건에게 이 책을 꼭 전해달라고 부탁하였다고 한다. 후에 장성한 왕건이 그 책을 펼쳐보니 자신이 천명을 받아 왕이 될 운명이라 적혀있었다고 한다.

왕건은 후삼국시대에 궁예弓裔가 크게 세력을 떨치자 아버지를 따라 궁예의 휘하에 들어갔다. 이후 많은 전장에서 승리를 거두었다. 903년 수군을 거느리고 전라도 지방으로 진출하여 금성錦城, 지금의 나주 등 10여 군현을 빼앗아 궁예의 영토를 확장하였고, 906년에는 상주尙州의 사화진沙火鎭에서는 견훤甄萱의 군대를 격파했으며, 913년에 시중侍中이 되었다. 그러나 궁예의 행동이 난폭해지고 민심을 잃자 918년 6월 홍유·배현경·신숭겸·복지겸 등과 함께 궁예를 몰아내고 고려를 세웠다.

고려사 등 사서를 종합해보면 태조 왕건은 지혜롭기는 했으나 전투력에서는 견훤에 비길 바가 못 되었다고 한다. 참모들의 간곡한 반대에도 불구하고 친히 정예기병 5천 명을 이끌고 공산전투에 참가한 왕건은 견훤군에게 무참히 무너졌음은 물론 신숭겸과 김락이 지혜롭게 위기를 대처하지 못했다면 목숨을 잃었을 뻔하기도 하였다. 그런 그가 어떻게 후삼국을 통일할 수 있었을까? 궁예를 몰아내고 고려를 세운 왕건은 정치적 안정을 꾀하고자 지방 각처에서 독자적인 군대와 경제기반을 가지고 있던 호족들을 회유하여 포섭하였고, 각 지방의 유력한 호족 및 호족 출신 관료의 딸들과 혼인하는 등 자신의 네트워크를 강화하는 데 많은 노력을 기울였다.

또한 후백제와는 무력으로 맞섰지만 신라와는 우호적인 관계를 유지해 후백제가 신라를 공격하자 신라를 도와 후백제를 막아냄으로써 신라인들의 신망을 얻었고 결국 935년에 신라 경순왕의 투항을 이끌어내 평화적으로 신라를 병합하였다. 이후 후백제 견훤이 아들 신검에게 유폐되었다가 탈출, 왕건에게 투항할 때에도 그는 견훤을 맞이하러 직접 나갔다고 한다. 936년에 견훤의 아들 신검을 물리치고 마침내 왕건은 후삼국을 통일했다. 왕건이 후삼국을 통일하는 과정은 정복이라기보다는 자신의 네트워크 속으로 사람들을 포섭하면서 동지를 만드는 과정에 가깝다. 신라의 경순왕, 후백제의 견훤마저 포섭한 이상 그 누가 그와 대적할 수 있었겠는가?

아이디어 뱅크를 활용한 코미디 황제 이주일

'코미디 황제', '코미디 대부', '밤무대 황제', '웃음의 황제', '국민 코미디언'. 이 호칭은 모두 이제는 고인이 된 이주일을 칭하는 말이다. 1965년 샛별악극단 사회자로 연예계에 몸담은 뒤 오랜 무명시절 끝에 1979년 텔레비전 방송에 뛰어들면서 희극배우로 이름을 얻기 시작하였다. 지방 무대를 돌면서 인사말로 내뱉은 "얼굴이 못생겨서 죄송합니다"와 "뭔가 보여드리겠습니다"는 온 국민의 유행어가 되었다. 그러나 1980년 8월 연예인 숙정작업과 함께 저질 연예인으로 낙인찍혀 TV에서 쫓겨난 그는 유흥업소에서 활동했다. 여기서 그는 전두환 전 대통령 내외를 코미디의 소재로 삼으며 밤무대 황제로 떠올랐다.

방송 출연 정지로 오히려 그는 부를 축적할 수 있었고 1980년 대 중반에 가수 조용필을 제치고 5년 연속 연예인 소득 순위 1위를 차지했다. 또 성실 납세자로 인정되어 대통령 표창까지 받았다. 재미있는 것은 그가 '이주일연구회'를 만들어 활동했다는 점이다.

항상 참신한 아이디어가 필요한 직업 특성상 개그맨들은 아이디어를 발굴하는 데 어려움을 겪을 수밖에 없다. 이러한 경우에 대부분의 사람들은 재충전을 위해 무대를 떠났다. 이런 소재 빈곤의 고통을 극복하기 위해 그는 이주일연구회를 만들어 젊은 피를 수혈했다. 등록금 전액을 부담해준다는 조건으로 대학생 스크립터를 모집, 그들을 '아이디어 뱅크'로 활용했다. 다른 개그맨들이 혼자서 아니면 동료들과 아이디어를 짤 때 그는 대학생이라는 전혀 새로운 사람들과 네트워크를 형성해 다양한 아이디어를 제공받았다. "콩나물 팍팍 무쳤냐", "조용히 살고 싶습니다" 등 많은 유행어를 히트시키며 오랜 기간 동안 코미디의 황제로 자리매김 할 수 있었던 것도 아마도 이들의 공로가 컸을 것이다.

공생을 도모하라

우리나에서 50년 이상 **장수한 기업의 비결**은 무엇일까?

한 월간 경영전문지의 설문조사한 결과

"신뢰와 경영 투명성 확보"와

"조직원의 일체감과 응집력"으로 나타났다.

진흙탕 싸움이 주는 교훈

중국 전국戰國시대에 제齊나라의 선宣왕이 위魏나라를 공격하기 위해 전투 채비를 갖추고 있었다. 이를 알게 된 제나라의 순우淳于라는 사람은 선왕을 만나러 가서 이렇게 말했다고 한다.

"대왕마마. 세상에서 가장 훌륭한 사냥개인 '한자로韓子盧'가 세상에서 가장 민첩한 토끼인 '동곽준東郭逡'을 잡으려고 쫓아가는 데 한 마리는 열심히 쫓아가고, 한 마리는 죽을 힘을 다해 도망쳤습니다. 결과는 두 마리 다 기진맥진하여 산자락 아래에서 쓰러지고 말았습니다. 마침 지나가던 농부가 이를 발견하고 집으로 가져가 보신탕과 토끼탕을 끓여 먹었답니다.

만약 지금 제나라가 위나라를 공격하면 양쪽 모두 백성이 피폐해지고 재물을 탕진하게 됩니다. 이때 진秦나라와 초楚나라가 기회를 틈타 쳐들어온다면 어찌 되겠습니까?"

그 말을 들은 선왕은 그의 말이 일리가 있다고 생각하고 바로 위나라 침공계획을 중지했다고 한다. 여기서 유래된 말이 바로

“양패구상兩敗俱傷”, 즉 쌍방이 다 패하고 상처만 입는다는 의미이다. 후발주자는 리더의 자리를 차지하기 위해 때로는 진흙탕을 만들어 리더의 이미지에 흠집을 내려고 한다. 그러나 진흙탕 싸움에 동참하는 순간 어쩔 수 없이 진흙이 묻게 마련이고 잘못하면 소비자의 외면을 받게 될 위험이 있다.

소비자 행동연구 중에 FITD가 있다. Foot-in-the-Door의 약자로 보통 다른 사람에게 어떤 호의를 요청할 때 처음부터 큰 호의를 요구하는 것보다는 처음에는 작은 호의를 요구하여 허락을 받아낸 후 보다 더 큰 호의를 요구하여 허락을 받아내는 방법을 말한다. 예를 들어 프리드만Freedman과 프레이저Fraser(1966)는 FITD 기법을 설명하기 위해 다음과 같은 실험을 했다.

주부들을 대상으로 먼저 안전운전 관련 법규가 통과될 수 있도록 서명해달라고 요청하고, 몇 주후 그 요구에 동의했던 주부들에게 집 정원에 “조심히 운전하세요”라는 푯말을 설치해달라고 부탁을 하니 55%의 주부들이 이 요구를 들어주었다. 그러나 처음부터 집 정원에 푯말을 설치해달라고 한 경우 겨우 17%의 주부만이 요구를 들어주었다고 한다. 이러한 FITD가 주는 교훈은 일단 처음 요구를 들어주고 난 후에는 더 큰 요구가 와도 사람들은 앞서 들어준 요구가 있기 때문에 쉽게 거절하지 못한다는 것이다.

따라서 진흙탕 싸움을 피해야 하는 이유는 일단 진흙탕에 발을 디뎌 진흙이 조금이라도 묻게 되면 나중에 진흙범벅이 되는 것도 마다하지 않아 결국 이전투구의 늪으로 빠질 수밖에 없기 때문이다.

고름우유 논쟁

저온 살균 공법 우유라는 새로운 영역을 개척, 오랜 아성을 지켜오던 우유 업계를 위협하며 등장한 기업이 있었다. 바로 파스퇴르 유업이다. 초고온이나 고온에서 살균하면 영양소가 파괴된다며 저온 살균 우유인 파스퇴르 우유가 좋다는 파스퇴르 광고는 기존 업체들을 궁지로 몰아넣으며 우유 시장에 큰 파문을 일으켰다.

파스퇴르 유업이 저온 살균 공법 우유라는 새로운 영역을 개척해 "진짜 우유" 논쟁을 벌이자 1987년 한해 5억 원에 머물렀던 파스퇴르 유업의 매출액이 우유 전쟁이 본격화된 1988년 4월에는 월 매출액이 2억 5천만 원으로, 8월에는 월 매출액이 10억 원까지 증가하여 1988년 한해에만 50억 원의 연간 매출을 기록하였다. 파스퇴르 유업은 제품 생산 2년 만에 매출액을 10배나 늘린 것이다. 이후 해마다 2, 3배의 가파른 신장세를 지속해 파스퇴르 유업은 유가공 업계 상위 5위 안에 들게 되었고, 한때 2천 억 원의 매출을 올리는 쾌거를 이루기도 하였다.

그러나 저온 살균 공법 우유가 진짜 우유라는 공격적인 마케팅으로 승승장구하던 파스퇴르 우유는 창업 10년 후인 1998년에 금융·외환 위기의 한파를 견디지 못하고 부도기업으로 전락했으며, 2003년 6월에는 한국 야쿠르트에 매각되고 말았다.

파스퇴르는 저온 살균 우유라는 새로운 시장을 개척하여 우유 시장을 확장시킨 업적과 함께 고름우유 논쟁을 불러일으켜 전체 우유 시장의 소비를 감소시키기도 했다. 1995년에 파스퇴르 유업이 제기한 고름우유 논쟁을 두고 이에 맞선 기존 업체들의 대응법은 우리에게 많은 시사점을 안겨준다.

1995년 파스퇴르 유업이 경쟁사의 체세포가 포함된 우유를 "고름우유"로 지칭하면서 고름우유 논쟁은 시작되었다. 경쟁사는 신문 광고를 통해 파스퇴르 유업은 자사 제품을 고름우유라고 비방하고 있다고 대대적인 반격에 나섰다. 세상이 갑자기 "고름우유냐 아니냐"를 놓고 진흙탕 싸움이 전개되었다. 결국 경쟁사는 소송에서 이겨 파스퇴르 유업으로부터 손해 배상을 받게 되었다. 그러나 승리의 기쁨도 잠시뿐 경쟁사가 파스퇴르와 고름우유 논쟁을 벌이는 동안 소비자는 하나 둘씩 시장을 이탈하였다. "고름우유다, 아니다"를 떠드는 데 어떤 사람이 우유를 마시겠는가? 경쟁자의 진흙 공격에 대항하기 위해 기꺼이 진흙탕 속으로 들어간 우유 업체들은 한데 뒤엉켜서 결국 우유 소비를 급감시킨 우를 범하고 말았다. 적과 정면으로 싸우는 것도 좋지만 때로는 회피해야 할 때도 있다.

신용카드 대란

김대중 정부 시절에 소비를 진작시킨다는 명목으로 카드 활성화 지원책을 내놓았다. 그 무렵 지하철역이나 도로변에서 행인을 상대로 마구잡이로 카드를 남발했다. 당시 LG카드는 미성년자, 무소득자 등 무자격자에게도 카드를 발급하는 과열경쟁을 주도하였고 다른 업체들도 못 이기는 척하며 카드를 발급했다. 이처럼 '쏟아 붓기식 묻지마 투자'로 LG카드는 업계 1위가 되었지만 속으로는 곪아갔고 LG카드를 따라 과열경쟁에 뛰어든 다른 카드사도 사정은 마찬가지였다. 실제 2003년 LG카드와 삼성

카드는 지난 3·4분기까지 당기 순손실이 1조 원을 넘어섰고, 우리카드, 현대카드, 외환카드도 같은 기간의 누적적자가 각각 8천억 원, 6천억 원, 4천억 원대에 달했다. 이로 인해 2002년 말에는 카드를 4장 이상 소지한 사람이 1천 23만 명으로, 이 중 4개 이상의 카드로 돌려막기식 현금서비스를 받은 사용자는 1백 7만 명에 달했을 정도로 대한민국은 카드 천국이 되었다. 당시 카드사들이 앞 다투어 고객 확보에 열을 올렸기 때문이다.

카드 발급 수는 1년 만에 3천만 장이나 늘었고 이용액도 2배 이상 증가하는 등 사상 최대의 호황을 누리는 듯했다. 그러나 이용자들의 연체가 급증하자 카드채를 발행하여 자금을 조달했다가 SK 분식회계 파문으로 채권시장이 위축되면서 유통과 신규 발행이 거의 중단되는 어려운 처지에 몰리게 되었다. 결국 현금서비스가 중단되는 사태가 발생하는 등 심각한 유동성 위기에 직면하였다. 업계 1위였던 LG카드는 부도 위기에 몰렸고 제2의 카드 대란을 막기 위한 채권단과 LG 그룹의 극적 타협으로 간신히 부도 위기를 넘길 수 있었다. 더 큰 문제는 카드사들이 카드 발급 신청자들의 소득과 결제능력 등 개인신용정보를 제대로 확인하지 않고 카드를 발급한 것이 결국 신용불량자를 양산하는 화근이 된 셈이다. 결국 카드사들의 무분별한 카드 발급은 카드사들의 수익성 악화는 물론이고 신용불량자 양산이라는 사회적 파장을 불러일으켰다.

과거와 같은 무분별한 카드 발급과 같은 진흙탕 싸움을 자제한 카드사들이 올해 5월을 기점으로 모두 흑자로 전환되었다고 한다. 예를 들어 2005년 4월 삼성카드는 무려 29개월 만에 179억 원의 흑자를 냈고, 부도 위기에 몰렸던 LG카드는 올해 3월까지 2,918억 원의 순이익을 보였다. 역시 현대카드와 롯데카드도 4월까지 각각 20억 원과 505억 원의 흑자를 기록했는데, 이는 카드사들이 과거 진흙탕 싸움에서 깨달은 경험을 기억하고 있기 때문이다.

이동통신 가입자 쟁탈전

소비자에게 새로운 선택권을 부여하는 동시에 이동통신 서비스 시장의 독과점을 막기 위해 정부는 2004년 1월 휴대 전화번호를 변경하지 않고도 서비스 사를 옮길 수 있는 번호이동성제도를 실시하였다. 1월 SKT를 시작으로 7월에는 KTF의 번호이동이 가능해져 가입자를 뺏어오려는 기업과 뺏기지 않으려는 기업간의 경쟁이 과열되었다. 번호이동성제도 실시 후 11개월 동안 SKT(011, 017)로 47만 2천여 명, KTF(016, 108)로 117만여 명, LGT(019)로 101만여 명이 각각 번호를 옮겼다. 이 과정에서 KTF 는 SKT과 LGT에 대략 67만 명을 빼앗겨 결국 40만 명의 가입자 를 유치하는 데에 그쳤고, 7월부터 반격에 나선 SKT는 5개월 동 안 48만 명 가까운 가입자를 유치하였다.

이렇게 이동통신 3사간의 가입자 유치 경쟁이 시작되면서 이 동통신 3사는 가입자 유출을 막기 위해 과도한 마케팅을 펼쳐야 했고 결국 정보통신부 산하 통신위원회로부터 영업정지 처분을 받는 지경에 이르렀다. 번호이동성제도를 도입한 후 이동통신 3사의 마케팅 비용은 2002년 2조 8,610억 원에서 2003년 2조 5,130억 원, 지난해 3조 3,090억 원으로 급증했다.

과도한 경쟁으로 기업의 수익성이 악화되자 이동통신 3사는 올해 들어 경쟁을 자제하기 시작하였다. SK텔레콤은 2005년 2분 기 마케팅 비용이 지난해 같은 기간보다 23% 감소한 4,420억 원 을, KTF도 20.8% 줄어든 2,323억 원을 그리고 LG텔레콤도 2.1% 줄어든 1,417억 원의 마케팅 비용을 지출하였다. 이처럼 기업간 경쟁을 자제한 결과 번호이동성으로 가입자 쟁탈전을 벌이던 지난해 2분기에 비해 기업별 영업이익은 SK텔레콤이 50% 이상, KTF는 118%, LG텔레콤은 389.4% 늘어났다.

불법 정치자금

노무현 대통령은 2003년 12월 14일 여야 4당 대표들과의 회동에서 "자신의 불법 선거자금 규모가 한나라당의 10분의 1을 넘으면 대통령 직을 걸고 정계에서 은퇴할 용의가 있다"고 말했다. 노 대통령의 10분의 1 발언은 누가 얼마만큼 불법 정치자금을 받았는지에 집중되어 있던 국민들의 이목을 다른 곳으로 바꾸어 놓았다. 즉 노무현 대통령의 불법자금 규모가 한나라당의 10분의 1보다 많을까 적을까로 촉각을 곤두세우게 되었다. 이 말 한 마디로 노대통령은 "10분의 1이 정치적 면죄부인가?"라는 식으로 자신의 지지자와 반대자 양 쪽에서 공격을 받았다.

검찰 수사 결과 노무현 캠프가 받은 불법자금이 최종 114억 원으로 한나라당이 사용한 불법자금 823억 원의 10분의 1을 넘어섬으로써 커다란 정치적 타격을 받게 되었다. 결국 진흙탕에서 혼자만 발을 빼려다 호미로 막을 일을 가래로 막는 우愚를 범한 셈이다.

장수 기업의 비결은 공생에 있다

기업의 역사가 일천한 우리나라에도 50년 이상 생존한 장수 기업들이 있다. 이들이 장수할 수 있었던 비결은 무엇일까? 월간 경영전문지인 『엑셀런스 코리아*Excellence Korea*』가 국내 매출액 기준으로 500대 기업 중 50년 이상 장수한 37개 기업을 대상으로 설문조사를 실시한 결과 "신뢰와 경영 투명성 확보(27.6%)" 및 "조직원의 일체감과 응집력(23.7%)"이 기업의 장수 비결인 것으로 나타났다. 한마디로 노사勞使가 서로 믿고 화합하는 것이 장수의 비결이라 할 수 있다.

현대엘리베이터 최용묵 사장은 국내 승강기의 핵심기술을 국산화해 연간 92억 원의 수입대체효과를 창출한 공로와 환경친화적인 엘리베이터를 개발해 2004년 금탑 산업 훈장을 받았다. 이러한 신기술 개발과 지속적인 업무 프로세스 개선 활동을 통해 기업의 수익성을 높일 수 있었던 것은 아마 현대엘리베이터가 15년 동안 노사분규가 없는 무분규 사업장이라는 사실과도 깊은 연관이 있을 것이다.

그는 평소 이해득실을 따지기 전에 먼저 부끄럽지 않게 최선을 다해야 한다고 생각하며 노사한마음전진대회, 꽃동네봉사활동 등 새롭고 개방적인 신노사문화를 만들기 위해 노력했다. 또한 신뢰와 경영 투명성을 확보하기 위해 지난 2002년 윤리규범을 제정하였다. 뿐만 아니라 소년소녀 가장에게 기부금을 전달하고 협력사에는 기술과 설비를 지원하는 등 기업 이윤의 사회환원을 위해서도 적극적으로 노력했다. 이런 노사간의 협력을 바탕으로 지속적으로 사업을 다각화함으로써 2003년에는 창사 이래 최대로 매출 3,582억 원과 순이익 283억 원을 달성할 수 있었다.

 노조 설립을 축하한 볼보 코리아 CEO

에릭 닐슨은 1998년 삼성중공업 건설기계 부문을 볼보 그룹이 인수한 후 만든 볼보건설 기계코리아 사장으로 부임한 후 670억 원의 적자를 내는 기업을 4년 만에 720억 원의 순이익을 창출하는 알짜기업으로 만들었다. 문화적 차이 때문인지는 몰라도 국내에 진출한 외국계 기업 대부분은 노조와의 갈등이라는 홍역을 치러야 했다. 더욱이 볼보기계코리아처럼 외국 기업에 인수된 경우 기존 직원들의 불안감은 더 클 수밖에 없기 때문에 직원과 의 갈등은 불 보듯 뻔하다.

무노조 기업이라는 삼성중공업 직원들조차도 구조조정에 대한 자구책으로 노조를 서둘러 결성했다. 에릭 닐슨 사장은 노조 설립을 통보하기 위해 경영진을 찾아간 노조 간부들에게 활짝 웃으며 축하의 악수를 청했다고 한다. 그 순간 직원들은 사장을 신뢰하기 시작했다.

이후 그는 '열린 경영' 을 손수 실천했는데 예를 들어 자신의 사무실 문을 반쯤 열어 놓고 용무가 있는 사람이면 누구나 쉽게 들어올 수 있도록 하였고, 매달 사내 게시판을 통해 회사 실적을 투명하게 공개하였다. 그는 직원도 회사의 주인이기 때문에 회사의 상황을 정확히 알아야 한다는 생각으로 실적이 좋을 때뿐만 아니라 실적이 나쁠 때에도 모두 공개하였다. 또한 취임 때부터 매달 서울과 창원 공장을 번갈아 방문하여 "직원들과 최고경영자와의 대화" 시간을 가졌다. 평소 "남에게 대접받고 싶은 만큼, 남을 대접하라"는 그의 철학을 몸소 실천한 결과 지금 볼보 코리아는 투명하고 평화로운 기업, 가장 일하고 싶은 외국회사로 거듭나고 있다.

소화제 **훼스탈**, **노사분규**도 깨끗이 **소화**

소화제 '훼스탈'로 잘 알려진 한독약품은 창사 50년이 넘는 국내 장수 기업이다. 1954년 창립된 이후 지난 47년간 한해도 빠짐없이 흑자를 달성한 알토란같은 기업이다. 한독약품의 특징은 가족적인 기업문화를 꼽을 수 있는데, 한독약품 본사와 충북 음성에 있는 공장의 현관 벽면에는 전 사원 570명의 얼굴이 빼곡히 들어간 큰 사진이 걸려있다. 노사간의 신뢰가 깊고 가족적인 분위기가 강한 기업임을 알 수 있다. 주5일 근무제를 이미 20년 전부터 시행한 기업이라는 사실만으로도 이미 특별하다고 할 수 있다.

이제는 오히려 지난 50년간 쌓아온 상호 존중과 깊은 신뢰로 상여금 및 임금, 복리후생 일체를 회사에 일임하고 있다. 이러한 노사 화합의 중심에는 김영진 부회장이 있다. 그는 1980년대 제약사 간의 과다한 가격경쟁과 금융비용의 증가, 우수한 인재의 고갈로 한독약품이 위기를 맞게 되자, 이를 극복하기 위해 100여 개의 제품 수를 절반 수준인 50여 개로 줄였다. '선택과 집중' 전략을 통해 제약업계 랭킹 6위(1980년)에서 12위(1985년), 14위(1990년)

로 하락을 거듭하던 한독약품을 회생시켰다.

그는 매주 음성공장을 찾아 현장 직원들의 애로사항과 의견을 듣는다. 1990년대부터 노조를 상대로 한 경영설명회를 분기별로 개최하고 부서별 CEO 간담회, 호프데이, 노사 워크숍, 사내 인트라넷 등을 통해 갈등의 불씨가 될 수 있는 요소들은 미리 해소하려고 노력하고 있다.

이런 노사화합이 빛을 밝힌 것은 IMF 외환위기 때인데 어려워진 회사 사정을 감안해 생산직과 관리, 영업 부문 할 것 없이 고통분담 차원에서 그 해 연말 상여금과 이듬해 급여를 회사에 맡기고 경비절감을 위해 스스로 허리띠를 졸라맸다. 사원들의 이러한 희생에 보답하기 위해 회사는 "인위적인 인력감축 없는 위기 극복"을 다짐하는 편지를 집집마다 보내 직원 가족들을 다독이고 IMF 위기를 슬기롭게 극복할 수 있었다고 한다. 노조설립 후 30년 동안 노사분규가 없었을 정도로 안정된 노사관계를 자랑하는 한독약품은 2004년에 소화제 '훼스탈'과 칼슘보충제 '오스칼'로 매출액 2,415억 원, 영업이익 287억 원을 내며 47년 연속 흑자배당의 대기록을 이어가고 있다.

리더의 **포용성**을 보여준 **세종대왕**

누군가 역사는 "승자의 기록"이라고 했다. 그러다 보니 전쟁에서 살아남은 사람은 자신의 행동을 합리화해야 했고 그 과정에서 자신에게 대적했던 사람들의 가치는 자연스럽게 폄하되었다. 이러한 현상은 새로운 왕조가 들어서거나 새로운 임금이 등극할 때 두드러졌으며 조선시대에는 역사를 어떻게 기록할 것인가를 두고 수많은 싸움이 벌어져 많은 선비들이 죽기도 하였다.

예를 들어 무오사화戊午士禍의 경우 1498년 성종실록이 편찬되자 사관史官이었던 김일손이 훈구파의 비행과 김종직의 조의제문弔義帝文을 기록하였다. 전부터 이를 못마땅하게 여겼던 훈구파가 조의제문은 세조가 단종으로부터 왕위를 빼앗은 일을 비방한 것이라 문제 삼아 연산군에게 고하였다. 이 일로 수많은 사림파가 화를 당했다. 1548년 명종 때 이기·정순붕이 을사사화乙巳士禍를 일으키고, 많은 신하들을 숙청한 사실을 시정기時政記에 소상히 기록한 안명세가 사형을 당했고 이 시정기는 다시 고쳐서 기록되었다.

그러나 조선시대에는 후세에 정치를 하는 데 거울로 삼기 위하여 국가적인 사건, 왕의 언행, 백관의 잘잘못, 사회상 등을 정확히 기록하는 사관제도가 있어서 사관이 기록한 사초는 시비를 가리지 못하였다. 물론 수정도 할 수 없으며, 사관의 기록 행위에는 일종의 면책권이 있어 신분을 보장해주었다.

세종대왕은 부왕의 실록인 태종실록이 거의 완성되었을 때 실록을 보고자 했으나 맹사성孟思誠이 "성상께서 보신다 하더라도 고칠 것이 없고, 만들기 전에 보았다는 말만 들을 것이오니, 보시지 않는 것이 좋습니다"라고 말을 하자 그 말이 옳다 생각하여 보지 않았다. 또한 "사관이 집필할 때 임금의 착한 것은 기록하고, 착하지 않은 것은 기록하지 않는 일은 옳지 않은 일이다"라고 하며 공명정대함을 잃지 않았다고 한다.

무엇보다도 세종대왕의 상생정신은 고려 말에 충절을 지킨 정몽주와 길재 두 사람을 충신으로 기록에 남길 것인가 하는 문제로 사관들이 난처한 입장에 처해 있을 때 빛을 발했다. 사관들이 그 문제로 고민하자 세종대왕은 다음과 같이 말했다.

"정몽주와 길재는 당연히 충신에 넣어야 하지요. 역사에는 언제나 승자와 패자가 있습니다. 그리고 승자가 역사를 이끌어 나가지요.

그런데 승자가 패자를 모두 역적으로 둔다면 역사는 끊어지고 맙니다. 고려의 신하가 망해가는 고려에 충절을 바쳤다면 그는 만고의 충신이 됩니다"

분명히 조선조 입장에서 보면 정몽주와 길재는 역신이지만 이들을 충신으로 기록하게 함으로써 세종대왕의 덕은 빛날 수 있었고, 정몽주와 길재도 충신으로 길이길이 남을 수 있었다. 상대를 무조건적으로 배격하는 진흙탕 싸움이 아니라 상대를 존중할 줄 아는 포용정신이야말로 공생으로 가는 가장 기본적인 마음가짐이다.

커뮤니티를 활성화하라

할리 데이비슨 오너들의 모임인 H.O.G는

매년 정기적으로 장거리 경주를 연다.

수천만 대의 할리 데이비슨이 경주하는 모습은

보는 사람들에게 **도전과 모험**에 대한 향수와 감동을 안겨준다.

왜 **커뮤니티**를 **활성화**해야 하는가?

경제학과 심리학의 가장 큰 차이가 무엇일까? 여러 가지가 있겠지만 아마도 인간을 보는 관점에서 가장 두드러진다 하겠다. 일반적으로 경제학에서는 사람들이 객관적이고 합리적인 존재로, 심리학에서는 주관적이고 비합리적인 존재로 다루어지는 것 같다. 내가 가졌던 의문 중 하나는 '과연 사람들이 보는 것을 믿을까 아니면 믿는 것을 볼까' 라는 것이었다. 본다는 것은 객관을 이야기하고 믿는다는 것은 주관을 이야기하는 것이다. 결국 이 질문은 객관적인 사실을 바탕으로 주관적인 믿음이 생기는 것인지 아니면 주관적인 믿음에 따라 객관적인 사실을 주관적으로 보는지에 관한 것이다. 때에 따라 달라질 수 있지만 사람들은 무의식적으로 자신이 믿는 대로 사물을 보는 경향이 있다.

예를 들어 어떤 사람이 착한 일을 했다고 했을 때 그 사람이 내가 좋아하는 사람이라면 '역시' 라고 생각하지만 그 사람이 내가 싫어하는 사람이라면 '뭔가 이유가 있을 거야' 라며 의심하게 되는 것도 객관적 사실을 그대로 받아들이기보다는 나의 주관적 믿음을 근거로 판단하려고 하기 때문이다.

우리는 보통 첫인상이 중요하다고 한다. '첫인상 5초의 법칙'
이란 누군가를 처음 만났을 때 처음 5초 동안에 받은 느낌으로
평생 그 사람을 평가한다는 것이다. 이 말은 사람들이 처음 대면
한 순간 5초 사이에 상대방에 대한 인상impression을 형성하고 남
은 시간은 자신이 처음 받은 인상을 확인confirm하기 위한 정보를
찾는 데 열중한다고 한다. 그러므로 좋은 첫인상을 심어주는 것
은 아무리 강조해도 지나치지 않을 것이다.

일단 사람이 어떤 대상에 대해 좋아하는 감정을 받게 되면 특
별한 이유가 없는 한 자신이 받은 느낌을 유지하려고 한다. 더욱
이 사람들은 어떤 대상에 대한 자신의 선호를 다른 사람도 같이
느끼기를 원하고 같은 느낌을 갖는 사람이 많을수록 자신의 느
낌에 대해 더 큰 확신을 갖게 된다. 이런 선순환, 즉 '좋아한다
→ 공유한다 → 확신을 갖는다 → 더 좋아한다' 는 다른 사람들에
게도 영향을 미치게 된다. 더욱 더 재미있는 사실은 설령 그 사람
을 아주 많이 좋아하지 않을지라도 일단 소속감이 생기면 좋아
하게 된다는 점이다.

예전에 프로야구가 출범된 해에 우연히 신세계백화점에 갔다
가 삼성 라이온즈 어린이 회원에 가입하게 되었다. 고향이 대구

도 아닌데다가 삼성 라이온즈 프로 야구팀을 좋아하지도 않았다. 그런데 회원 가입을 한 후에는 나도 모르게 삼성 라이온즈에 자꾸만 애정이 갔고 응원하게 되었다. 20년이 훨씬 지난 지금에도 누군가 응원팀을 물어오면 삼성 라이온즈 팬이라고 답한다.

심리학에서 이러한 심리는 "인지 부조화 이론"으로 설명된다. 당시 나는 원하던, 원하지 않았던 간에 삼성 라이온즈 프로 야구팀 회원으로 가입했다. 그리고 나는 회원 가입으로 받은 모자나 티셔츠, 가방을 자랑하고 싶지만 만약 내가 삼성 라이온즈를 싫어하면 나는 심리적 갈등을 느낄 수밖에 없다. 즉 인지 부조화가 발생할 수밖에 없는 것이다. 그러므로 무의식적으로 내가 속한 삼성 라이온즈를 좋아해야 한다고 최면을 걸었는지도 모른다. 이런 무의식적 자기최면을 통해 나는 내가 정말로 삼성 라이온즈를 좋아하고 있다고 믿게 되었을 것이고 지금도 여전히 강한 영향력을 행사하고 있다.

결국 지지자를 조직화하는 것은 사람들에게 소속감을 심어주는 것이다. 더욱이 팬클럽과 같은 자발적인 모임을 활성화하는데 최선을 다해야 한다. 이런 소속감은 자신의 경험이 녹아든 강한 믿음으로 발전하기 때문에 신뢰가 쉽사리 깨지지 않는다.

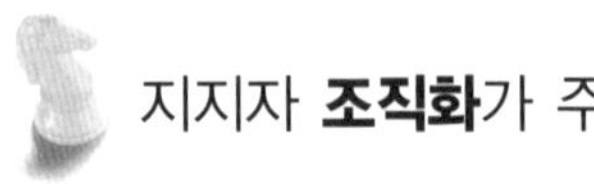# 지지자 **조직화**가 주는 **강점**

나의 고객(지지자)을 조직화함으로써 얻게 되는 가장 큰 강점은 무엇일까? 그것은 바로 "체험"이다. 일단 사람들이 특정 대상을 실지로 체험하게 되면 그 대상에 대한 자신의 태도를 쉽게 변화시키지 않기 때문이다. 최근에 신문지상에 자주 등장하는 단어가 있다. 바로 "체험 마케팅experiential marketing"이다.

번 슈미트Bernd Schmitt에 의해 1999년 처음으로 체험 마케팅의 중요성이 부각되었는데, 이는 기존의 마케팅이 제품이 주는 속성과 혜택Features and Benefits 위주로 분석하고 해답을 찾았다면 체험 마케팅은 소비자들의 전체적인 체험을 바탕으로 문제 해결을 모색하였다. 번지점프를 해본 사람만이 그 짜릿함을 알고 자이로드롭을 타본 사람만이 그 두려움과 희열을 안다. 체험 마케팅은 고객에게 잊지 못할 체험을 주기 위해 감각을 자극하여 마음을 움직인다. 예를 들어 하겐다즈Haagen Dazs 아이스크림은 미국과 달리 아시아와 유럽에서 그 맛을 알리기보다 하겐다즈 카페라는 고급 점포와 분위기를 홍보함으로써 연인들이 즐겨 먹을 수 있는 상품의 개념으로 포지셔닝하기도 하였다.

체험 마케팅의 가장 일반적인 방법이 '체험단' 모집인데 GM 대우자동차의 라세티lacetti는 독특한 시승 프로그램 아이디어를 개발했다. 일단 영업사원들에게 싼값에 시승 차를 판매해 구입하도록 하고 이를 구입한 영업사원은 직접 차를 운전하면서 판매수단으로 시승 차를 이용하도록 만든 것이다. 소비자들이 택시처럼 길에서 시승 차를 쉽게 이용할 수 있도록 유도하여 시승 차를 탄 손님이 영업사원과 자연스럽게 차량에 대한 정보를 나눌 수 있게 만든 것이다.

체험 마케팅이라는 개념은 최근에 와서야 확산되었지만 고객 체험 프로그램은 이미 예전부터 기업들이 자주 이용하던 방법이다. 다만 그때는 체험 마케팅이라는 체계적인 접근보다는 일회성 프로모션에 그쳤다는 점이 다를 뿐이다. 예를 들어 맥킨토시는 자사의 애플 컴퓨터가 새로 나오기 전에 한 달 동안 사용할 수 있는 기회를 소비자에게 제공했다. 흥미로운 사실은 실제 제품이 출시된 후에 초기 구매자의 거의 80% 이상은 무료 체험 서비스를 사용했던 사람이다. 고객 체험의 효과가 얼마나 강한지를 입증해주는 사례다.

이러한 체험 마케팅은 직접 제품을 만지고 느낄 수 없는 인터넷 전자상거래에서도 최근 많이 사용되고 있다. 2003년 10월 한솔 CS클럽은 웅진 코웨이와 손잡고 웅진 룰루 비데와 정수기를 2주간 무료 체험 렌털 서비스를 실시해서 구매에 따른 심리적 저항감을 무료 체험이라는 방식으로 줄이는 데 많은 성과를 거두었다. 또한 인터넷 상거래 업체나 홈쇼핑에서 자주 이용되고 있는 '후불제'라는 결제 방식도 고객들이 제품을 직접 사용해보고 평가하라는 것이다.

최근에는 이런 고객 체험을 극대화하기 위해 일부 홈쇼핑업체에서는 여성의류의 경우 남자 택배 직원이 아닌 여성 서비스 요원이 배달하도록 하고 있다. 단순히 물건만 전달하는 것이 아니라 고객이 원하는 물건이 도착했는지를 꼼꼼히 챙겨주는 서비스를 제공해준다는 측면에서 좋은 아이디어라 할 수 있다. 제품을 받아 본 여성 고객은 곧바로 옷을 입어보고 마음에 들지 않으면 제품을 가지고 온 여성 서비스 요원에게 바로 환불할 수 있어서 고객이 느끼는 구매위험을 최소화시키고 환불에 따르는 번거로움을 없애줄 수 있다는 측면에서 일석이조의 효과를 보고 있다. 물론 기업에 대한 신뢰가 쌓임은 당연한 일이다.

커피 전문점 스타벅스starbucks의 경우에는 우리가 습관적으로 마시는 대표적 기호식품인 커피로부터 문화적 취향, 편안한 휴식, 도시 중산층의 자부심 등 새로운 경험을 끄집어내 상품화함으로써 공전의 히트를 기록했다. 스타벅스는 새로운 경험을 제공함으로써 일반적으로 생필품으로 판매되는 커피의 가격보다 몇 배 더 비싸게 판매한다. 이것을 파인 II Pine II와 길모어Gilmore는 "경험의 경제학"이라 하였는데, 경험의 제공은 새로운 부가가치의 창출이라는 점을 강조했다. 그렇다면 스타벅스가 제공한 경험은 무엇일까? 바로 "회사도 집도 아닌 제3의 쉼터"라는 것이다. 소비자는 바쁜 일상에서 스타벅스라고 하는 쉼터를 찾아 커피 향과 맛을 즐기며 몸과 마음의 평온을 되찾아 행복함을 느끼게 되고, 이것이 스타벅스를 다시 찾게 되는 매력이다.

사우스웨스트 항공사Southwest Airlines 역시 이미 포화 상태에 있던 항공업계에서 고객들이 다른 항공사와 비교할 수 없을 정도로 저렴한 항공료, 신속하고 정확한 서비스와 함께 즐거움(예를 들어 안전수칙을 랩송으로 제작한다거나 즉석 기내 이벤트 실시 등)이라는 색다른 경험을 제공해줌으로써 46분기 연속 흑자, 30년 평균 주가수익률 1위, 세계에서 가장 존경 받는 기업 2위로 발돋움하였다. 이들의 공통점은 단순한 기능이나 브랜드를 넘어서는 고객

경험을 판매한다는 점이다. '백문百聞이 불여일견不如一見'의 시대가 가고 '백문百聞이 불여일감不如一感'의 시대가 온 것이다. 특히 체험 마케팅은 구매 위험이 높은 제품이나 아직 고객들에게 제품의 필요성이 인식되지 않은 신제품에 매우 유용하다. 그 대표적인 제품이 김치냉장고인데 출시 초기에 김치냉장고에 대한 주부들의 막연한 거부감을 없애기 위해 주부들에게 무료로 김치냉장고를 체험할 수 있는 기회를 제공했다. 이를 사용해본 고객의 자발적인 구전을 유도해 제품을 직접 경험해보지 않았던 사람들의 구매 위험을 줄여주는 효과를 발휘할 수 있었다.

명심해야 할 것은 체험 마케팅은 고객에게 단순히 제품을 사용해볼 수 있는 기회를 준다는 의미가 아니고 고객이 제품 사용을 통해 '변화'라는 것을 느낄 수 있도록 만들어 주어야 한다.

결국 체험 마케팅의 성공 여부는 어떻게 소비자가 그 변화를 느낄 수 있도록 만드느냐에 달려있다. 그렇다면 사람들은 변화를 어떻게 감지할까? 변화라는 말은 달리 말하면 '차이 인식'이다. 사람들이 인식할 수 있는 최소한의 차이를 "차이 식역 Differential Thresholds"이라고 하는데, 차이 식역 이하로 변화가 발생하면 사람들은 그 차이를 못 느낀다고 한다. 이러한 차이 식역에 영향을 주는 것이 최초 자극(기준 자극)의 강도이다. 예를 들어 최초 자극이 20이라고 했을 때 다음 자극이 30인 경우와 최초 자극이 10이라고 할 때 다음 자극이 30인 경우 사람들이 느끼는 차이 식역은 달라질 수 있다. 즉 최초 기준 자극이 클수록 차이를 느끼는 데 필요한 자극량의 변화가 더 커야 하며, 기준 자극이 작으면 약간의 변화만으로도 차이를 느낄 수 있게 된다.

이러한 차이 식역은 기업에 많은 시사점을 준다. 예를 들어 가격을 인상하려는 기업은 소비자가 인지하지 못하는 범위 내에서 가격을 인상해야 소비자의 반발을 줄일 수 있고, 반대로 가격을 인하하려는 기업은 소비자가 인지할 수 있는 범위까지 가격을 인하해야 가격 할인을 통한 구매 유도가 가능해진다.

기업뿐만 아니라 정부정책도 마찬가지다. 1996년 12월 서울시에서는 남산터널의 교통 혼잡을 줄이기 위하여 혼잡통행료를 징수하였다. 혼잡통행료 징수 후 터널 이용 교통량이 급격히 감소하였으나 시행 4년에는 오히려 시행 전보다도 더욱 혼잡스러웠다. 그러다 승합차 징수기준이 확대 시행된 시행 5년에는 남산 1, 3호 터널 이용교통량이 시행 4년에 비해 현저히 감소하여 통행 속도는 남산 1, 3호 터널 모두 30km/h 이상으로 향상되었다. 혼잡통행료로 책정된 2,000원이 운전자에게 충분히 부담을 주어 정책 목표는 달성한 듯 보인다. 이처럼 기업은 자신의 목적에 따라 차이 식역을 조정해야 한다.

체험 마케팅도 마찬가지다. 무작정 제품을 사용해보는 것이 아니라 소비자가 느낄 수 있는 최소한의 차이가 있는 부분을 위주로 기업이 제시해야 한다. 그래서 소비자가 그 점을 중심으로 변화를 인식할 수 있도록 해야 성공할 수 있다.

 ## 강력한 지지자 집단을 만드는 방법

일반적으로 강력한 지지자 집단이 되기 위해서는 3가지 요소가 필요하다. 바로 강한 동료애, 회원들이 공유하는 의식과 전통 그리고 강력한 도덕적 책임의식이다.

강한 동료애 공동의 적을 만들어라

먼저 강한 동료애가 형성되기 위해서는 브랜드와 자신을 동일시할 수 있는 강한 연관성이 있어야 한다. 노무현이라는 정치인을 자신의 분신처럼 생각하고 함께 울고 웃을 수 있는 노사모나, 남성들이 말보로 담배를 피우며 자신이 카우보이가 된 것처럼 생각하는 것은 모두 그 브랜드와 자신을 강하게 일치시키고 있기 때문이다. 또한 강한 동료애가 형성되기 위해서는 노사모의 개혁에 대한 열망이나 할리 데이비슨 오토바이를 타는 사람들의 기존관습 타파와 자유를 추구하는 마음과 같이 그들만의 공유된 독특한 정신적 표상spiritual symbol이 있어야 한다.

마지막으로 강한 동료애를 형성하기 위해서는 공동의 적이 있어야 한다. 예를 들어 사브Saab의 매니아들이 자신들의 강력한 경쟁자인 볼보Volvo를 "트랙터나 만드는 바보"라고 놀리고 사브는 비행기 엔진을 만드는 회사에서 만든 안전한 자동차라고 자랑한다. 노사모도 '이회창'이라는 강력한 공동의 적이 없었다면 그처럼 강한 결속력을 갖지는 못했을 것이다. 예로부터 집권자들이 의도적으로 외부의 적을 만들거나 다른 나라와 전쟁을 벌임으로써 내부의 불만을 무마하고 내부 결속을 다졌던 것도 이런 이유 때문이다.

고유한 의식이나 전통 상징물로 단결시켜라

어느 사회나 사회 구성원으로 거듭나기 위해서는 그에 걸맞은 통과의례라는 것이 있고 나름대로의 상징물이 있는데 노사모의 '노란색'과 '희망돼지'가 바로 그것이다. 일반적으로 집단 내 결속을 강화하는 데 필요한 3가지 요소는 복장, 깃발, 노래다. 펄럭이는 깃발 아래 같은 복장을 하고 함께 노래를 부르는 것만큼 '우리는 하나'라는 인식을 강하게 심어줄 수 있는 방법은 없다. 이념적 평가는 차치하고라도 한강의 기적을 가능하게 했던 원동력 중의 하나인 새마을 운동도 '잘 살아보세'와 '새벽종이 울렸네~'라는 노래와 새마을 운동을 상징하는 깃발과 복장으로 사람들을 하나로 단결시켰다고 본다.

도덕적 책임감 대중적인 인기에 영합하지 말라

커뮤니티 내의 규범을 공유하고 구성원들 상호간에 도움을 주는 도덕적 책임감도 매우 중요하다. 노사모는 국민경선 이후 잇따른 지지율 하락으로 민주당 내에서 후보 교체론이 나올 때마다 서로를 격려하며 합심 단결하여 국민 경선의 당위성을 설파하였다. 또 민주당 지도부에 대한 강한 불만을 표출하면서 정치인 노무현을 향한 열렬한 지지를 보냈다.

이처럼 브랜드 커뮤니티에 참여한 사람들은 브랜드에 대한 자발적 옹호자가 되고 다른 사람에게 브랜드의 장점에 대해 자발적 구전활동word of mouth을 벌이는 브랜드 전도사가 된다. 그렇다고 브랜드 커뮤니티에 속한 구성원이 브랜드에 대해 무조건적인 찬사만 보내는 것은 아니다. 브랜드에 대한 지속적인 애정을 바탕으로 끊임없이 브랜드에 대한 피드백도 제공해준다.

한 연구에 의하면 자신이 좋아하는 브랜드가 사회적으로 물의를 일으킬 경우 그 브랜드에 관심이 없던 사람보다 그 브랜드를 매우 좋아했던 사람들의 불만이 더 크다고 한다. 즉 어느 정도까지는 애정을 가지고 봐주지만 브랜드에 대한 정체성이 손상되었을 때는 미련 없이 떠난다. 한때 많은 사람들의 사랑을 받던 쿠어스Coors 맥주도 11개 주에서만 한정 판매하다가 판매 지역을 50개 주로 확장하면서 대중적 상표가 되자 많은 숭배자들이 외면했고, 포드 자동차의 무스탕Mustang도 대중화되자 무스탕 애호가들이 빠른 속도로 이탈하였다. 이처럼 자신의 정체성을 버리고 대중적인 인기만을 좇을 때 숭배자들은 떠난다는 사실을 리더는 기억해야 한다.

할리 데이비슨 철학을 전파시킨 H.O.G

애플Apple 컴퓨터, 할리 데이비슨Harley Davidson, 팜Palm PDA, 에어 조단 나이키Air Jordan NIKE 운동화. 이들의 공통점은 무엇일까? 바로 매니아 그룹의 열광적인 지지를 받은 "컬트 브랜드Cult Brand"라는 사실이다. 최근에는 "카렌스carens 동호회", "샤넬 channl 동호회"와 같은 형태의 브랜드 커뮤니티가 소비자의 자발적 참여나 기업의 의도적 노력으로 보편화되었지만, 위에 제시한 브랜드만큼 열광적인 브랜드 커뮤니티는 흔하지 않다.

미국에 일본 업체들의 급작스런 침공으로 200여 개의 모터사이클 업체가 도난당할 때 유일하게 생존해 남은 기업이 할리 데이비슨이다. 그러나 할리 데이비슨마저도 거의 파산 지경에 이르렀다. 만신창이가 된 할리 데이비슨에게 유일하게 남은 것은 브랜드에 강한 애착을 가지고 있는 고객뿐이었다.

결국 이 고객들이 할리 데이비슨의 부활에 결정적인 역할을 하였다. 이들은 1983년 할리 데이비슨 오너들의 모임인 H.O.GThe Harley Owners Club를 결성하였다. 이 모임은 미국 전역의 멤버들을 하나로 연결하는 역할을 하였는데 초기 3천 명이었던 인원이

1985년에는 6만 3천 명으로 급속히 불어났고 2000년에는 세계적으로 50만 명을 넘어섰다. 이들은 매년 정기적으로 장거리 경주를 여는데, 언제 어디서든 이 대회가 열리면 H.O.G 멤버들은 참가하여 함께 핫도그와 콜라를 먹으면서 파티와 게임을 즐겼다. 할리 데이비슨의 철학을 가장 잘 표현해주는 모임이다.

할리 데이비슨 기업의 전폭적인 지지를 받는 모임인 H.O.G는 모터사이클에 대한 수요가 전혀 없는 고객들을 유인하는 데 매우 강력한 도구가 되었다. 수천만 대의 할리 데이비슨이 경주하는 모습은 그야말로 도전과 모험에 대한 향수를 불러일으키는 감동적인 장관이기 때문이다. 이것을 본 사람들은 자신도 저들과 함께 랠리rally에 참여하고 싶다는 생각을 하게 되고, 이는 곧 할리 데이비슨의 판매로 이어졌다.

할리 데이비슨사의 매출은 1987년 이후로 연간 비약적으로 성장하였다. 그 이면에는 95%의 재구매율을 나타낼 만큼 강력한 지지자들이 있었기 때문이다. 이런 강력한 지지자들이 있었기 때문에 2001년 극심한 불경기 속에서도 할리 데이비슨만큼은 40%의 시장 가치 상승률을 기록할 수 있었다. 또한 H.O.G의 랠리는 그 자체가 엄청난 광고효과를 내기 때문에 1997년 이후 할리 데이비슨은 별도의 광고를 할 필요가 없었다. 그래도 사람들은 보통 2만 달러가 넘는 할리 데이비슨을 사기 위해 1년 이상을 기다린다고 한다.

매년 H.O.G의 수가 늘어나면서 할리 데이비슨은 사업 영역을 확장하여 레스토랑, 향수, 검은 가죽점퍼에서부터 여성용 내의에 이르기까지 다양한 의류도 판매했다. 얼마 전 이베이e-bay에서 자신의 이마를 광고도구로 제공하겠다는 사람이 나타나 화제가 되기도 했다. H.O.G는 그야말로 걸어다니는 광고판이며 강력한 세일즈맨인 셈이다. 할리 데이비슨은 2005년 초에 뉴욕증시에서 세계 최대 자동차 메이커인 제너럴모터스GM의 시가총액을 따돌렸다고 하니 정말 놀라운 일이 아닐 수 없다.

 ## 주부들의 **입소문 위력**을 보여준 김치냉장고 **딤채**

위니아만도의 '딤채'는 김치냉장고라는 새로운 시장을 개척했고 이후 김치냉장고는 폭발적인 인기를 모으며 가정의 필수품이자 엄청난 규모의 새로운 가전산업 분야로 성장했다. 첫해

18억 원, 판매대 수 4천 대에 불과했던 김치냉장고의 시장 규모는 1996년 2만 대, 1998년 20만 대, 2001년 120만 대, 지난해 140만 대로 커졌다. 금액 면에서는 1조 1천억 원의 시장으로 급성장해 김치냉장고의 일반 가정 보급률은 57%에 이르고 있다(2004년 10월 기준).

‘일본에는 생선 냉장고가 있고 프랑스에는 와인 냉장고가 있는데 우리나라에는 왜 김치 냉장고가 없을까’ 라는 발상의 전환으로 위니아만도의 김치냉장고 개발은 시작되었다. 그러나 수년에 걸쳐 7천 8백억 원의 자금을 쏟아 제품을 개발했지만, 1995년 첫해의 딤채 판매량은 4천 대에 불과하였다. 이 중 3천 대가 체험 마케팅의 일환으로 판매된 것이기 때문에 첫해의 판매량은 매우 저조한 성적이다.

딤채가 처음 나온 1995년 만해도 대부분의 주부는 “김치 냉장고가 왜 필요한가”라는 반응이 대부분이었다. 그러나 1996년부터 주부들의 입소문을 타고 시장이 커지면서 2001년 100만 대를 돌파하였다. 주부들의 입소문 덕을 톡톡히 봤던 위니아만도는 2002년 11월 ‘딤채클럽’ 이라는 김치냉장고 전용 사이트를 개설했다. 딤채를 사용하는 소비자들이 다양한 정보를 교환하는 커뮤니티로 가족 구성원, 김치 섭취량 등 간단한 정보를 입력하면 적정용량의 김치냉장고를 추천하는 기능성 서비스도 제공하고 있다.

딤채를 구입한 소비자는 이 홈페이지를 통해 '망친 김치 되살리기 비법' 과 같은 정보 제공은 물론 소비자 모니터 제도를 통해 월 1회 소비자의 의견을 듣고 있다. 예를 들어 소비자가 김치냉장고를 김치를 숙성시키고 보관할 때 사용하는 것은 물론이고, 과일이나 육류, 생선을 보관하기도 하고 식혜나 음료수를 살짝 얼려 먹기도 하며 심지어는 고춧가루, 깨 등 양념류와 콩, 현미, 보리쌀 등 잡곡류와 쌀을 보관하는 용도로 활용한다는 소비자의 정보 교환은 김치냉장고의 기능을 확대하는 데 효율적이다.

온라인 놀이터 코크플레이닷컴

코카콜라는 자사 홈페이지 코크플레이닷컴을 오픈한 후 폭발적인 인기를 얻어 15개국의 코카콜라 지사에 브랜드 마케팅 성공사례로 소개되고 있다. 1980년대 음료를 대표했던 코카콜라가 소비자의 관심으로부터 멀어지면서 판매도 조금씩 줄어들고 있었다. 이에 코카콜라는 코카콜라를 단순한 음료수가 아니라 젊은이들 놀이문화의 일부분이 되도록 홈페이지를 새롭게 개편하였다. 이를 위해 12~29세의 소비자가 TV보다는 인터넷을 즐기고 음악과 게임에 열중한다는 것에 착한, '온라인 놀이터'라는 컨셉으로 온라인 프로모션을 실시하였다.

특히 코크플레이는 소비자가 코카콜라 병이나 캔 제품 측면에 인쇄된 코드를 자사 홈페이지에 입력하면 포인트를 적립해주는데, 이처럼 누적 포인트를 이용해 온라인과 오프라인에서 음악과 게임을 즐길 수 있도록 한 마케팅이 폭발적인 인기를 끌었다. 2004년 4월에 오픈한 홈페이지의 방문자 수는 1천만 명을 넘어섰으며 현재 1백만 명이 넘는 회원을 확보하고 있다. 물론 해태나 펩시를 압도하는 숫자다. 또한 6개월간 진행된 이벤트에 제품 코드를 입력한 사람의 숫자는 4백만 명을 넘었는데, 이는 53만 명이 참여했던 영국의 코크뮤직Cokemusic보다 8배 이상의 성과를 거뒀다. 이를 통해 코카콜라는 자사의 브랜드를 소비자들에게 새롭게 인식시키는 계기가 되었다.

태평양 라네즈는 2005년 5월에 여름철을 겨냥하여 바디메이크업 제품을 선보이면서 "전지현의 백만 불짜리 몸매 만들기" 프로젝트를 실시하였다. 전지현의 환상적이면서 도발적인 몸매를 동영상으로 보여주며 마치 자신이 몸매를 꾸미는 듯한 착각에 빠지도록 유도한 결과 동영상을 조회한 횟수가 불과 1달 만에 2천만 건을 넘었다. 이 동영상은 전지현의 몸매를 꿈꾸는 10대, 20대 여성뿐 아니라 남성들이 몰리면서 일일 평균 방문자가 한 달 만에 22만 명으로 증가해 제품 홍보에 성공을 거두었다. 이 동영상이 공개된 후 인터넷에서는 전지현 신드롬이 불었고 제품 판매도 급증하여 동영상이 공개된 후 20일 만에 11만 개의 제품이 판매되기도 하였다. 또 온라인 티저광고(처음에는 선전이나 홍보 없이 호기심만을 유발하는 광고로 시작하다가 일정 시점에 가서 회사명과 상품명을 공개하는 광고기법) 클릭률은 4%로 포털사이트를 통해 광고를 실시한 이래 최대 클릭률을 기록하였다.

 **꽃봉지회**의 연극표 **사주기** 운동

'천의 얼굴', '신들린 광대' 등 숱한 별칭을 가지고 있는 그녀

는 40년 연극인생을 보낸 배우다. 무대에서 펼친 신들린 그녀의 연기는 대한민국 최고의 배우로 명성을 떨쳤고 나아가 지금은 연극운동가로 활동하고 있다. 바로 박정자이다.

1963년 동아방송 성우 1기로 입사한 그녀는 1964년 동안극장에서 「악령」으로 연극에 데뷔한 후 「따라지의 향연」(1966년), 「어디서 무엇이 되어 만나랴」(1970년), 「위기의 여자」(1986년), 「굿나잇 마더」(1990년), 「대머리 여가수」(1990년), 「신의 아그네스」(1992년), 「내사랑 히로시마」(1993년), 「피의 결혼」(1995년), 「뮤지컬 넌센스」(1998년), 「그리고 80」(2003년) 등 40여 편의 연극에 출연하였다. 특히 프랑스 여류작자 시몬느 드 보봐르의 원작을 연극화한 「위기의 여자」는 수많은 여성 관객들로 극장을 가득 메웠다. 한달 공연 예정이었으나 1주일 연장, 다시 연장을 되풀이한 끝에 무려 5개월간 장기공연한 기록을 남겼다. 이 연극은 3만 4천 명의 관객을 끌어 모았고 이후 '여성극' 붐을 일으켰다.

환갑을 넘긴 나이에도 불구하고 무대를 향한 그녀의 열정은 많은 이들의 감탄을 자아내게 한다. 40년을 오로지 연극만 하며 외길 인생을 달려온 그녀다. 연극에 대한 자신의 생각을 물었을 때 그녀는 이렇게 말했다.

"연극은 권투시합과 같습니다. 자칫 한눈팔다가는 코 터지고 눈 찢기는…. 배우도 그 정도의 긴장을 가지고 무대에 서야 합니다. '무대에서 죽기 아니면 까무러치기로 하자' 는 게 제 신조입니다. 저에겐 치열한 현재진행형이 있을 뿐 과거나 미래가 없습니다. 배우요? 딱 64세까지만 하겠습니다. 연극만 해온 박정자가 시대의 파수꾼, 무대의 지킴이로 남을 수만 있다면 더한 바람은 없습니다"

지난 1991년 17여 명의 지인들이 모여 만든 박정자 개인 후원회인 '꽃봉지회' 는 한희옥, 박철언, 윤석화, 신현웅 전 문화관광부 차관 등 300여 명이 넘는 각계 인사가 참여하고 있다. 회원들은 그녀가 연극에 출연할 때마다 자발적으로 티켓 여러 장을 사서 연극을 보러 가고 연극이 끝나면 뒤풀이에서 만나 이런 저런 이야기를 나누기도 한다. 또 회원들의 상견모임이 열렸을 때는 대개 주부인 회원들끼리 아마추어 촌극을 공연하기도 한다. 또한 꽃봉지회는 '연극표 사주기 운동' 같이 작은 후원활동뿐 아니라 관객을 개발하는 데까지 활동 영역을 넓히고 있다. 또한 그녀가 초대 이사장직을 맡고 있는 한국연극인 복지재단에 천만 원을 기부하기도 했다. 그녀의 자존심이며 분신이기도 한 꽃봉지

회의 활동이 많아질수록 그녀에 대한 존경과 사랑은 강해질 것
이다.

 ## 노사모의 노란 풍선과 희망돼지

제16대 총선, 2000년 4월 13일 부산에서 노무현이 낙선하던
밤에 홈페이지에는 울분을 토로하는 글이 쏟아졌다. 하루에 1천
건 이상 글이 올라왔고 3천 명 이상이 방문하여 서버가 수차례
다운되기도 하였다. 노무현 홈페이지를 포함하여 청와대, 민주
당, 한나라당 등 각종 게시판에서도 노무현을 둘러싼 울분은 사
그라지지 않았다. 이러한 와중에 노무현 홈페이지 자유게시판에
서는 '늙은 여우' 필명을 쓰는 네티즌이 '노무현 팬클럽'을 제
안하고 회원 모집을 받기 시작했다. 곧이어 회원 가입을 원하는
네티즌들이 줄을 이었다. 결국 효율적인 회원 모집을 위해 팬클
럽 전용 게시판이 있어야 한다는 판단에 따라, 4월 17일 노무현
팬클럽 임시 게시판이 개설되었다. 바로 한국 최초의 정치인 팬
클럽 "노사모"다.

이 모임은 폭발적인 반응을 불러일으키며 10여 일이 지나자 회원 가입자가 300명을 넘어서기에 이르렀다. 참여한 회원들의 연령도 10대에서 60대까지 다양했으며, 지역도 영남, 호남, 수도권을 비롯해 해외에서도 참여했다. 2001년 1월 1일 광주 노사모 회원이자 한 중학교 교사가 제자 두 명과 함께 광주에서 부산까지 800리 도보 대장정에 올랐다. 찢긴 국토를 꿰매야 한다는 일념으로 양손에 깃발 들고 나선 것이다. 그러나 살을 에는 1월의 강추위 속에서도 이들의 걸음은 결코 외롭지 않았다. 왜냐하면 노사모 홈페이지에는 이들을 격려하는 글들이 연일 쏟아졌고 일정 내내 전국 각지에서 달려온 수십 명의 노사모 회원들이 구간 구간을 함께 걸으며 동서화합을 위한 바느질에 자신의 걸음을 보탰기 때문이다. 이들의 걸음은 광주 망월동의 흙을 부산의 민주 공원에 합토하는 것을 끝으로 대단원의 막을 내렸다.

2001년 9월 6일에는 부산 노무현 후원회장을 출발해 진해 - 창원 - 마산 - 진주 - 하동 - 구례 - 창평 - 담양을 거쳐 광주 5 · 18묘역까지 자전거를 타고 달리는 '명계남과 함께하는 동서화합 자전거 달리기' 행사를 개최하기도 하였다. 노무현 캠프의 가장 중요한 행사인 무주 전진 대회에도 전국에서 자발적으로 참가한 50

여 명의 노사모 자원봉사단이 참여하였다.

민주당의 새로운 대통령 후보선출 방식으로 거의 확실시되는 국민 경선제 도입을 앞둔 2001년 12월 22일에는 '노사모 국민 경선 대책위원회'를 결성하였다. 민주당의 국민 경선은 정당의 행사를 국민들에게 개방함으로써 정당과 시민사회의 거리를 좁히고 정당 운영에 국민들이 참여하는 계기를 만들었다. 또한 이러한 단순한 절차상의 변화가 아닌 정당의 주요 결정권을 국민과 당원들에게 돌려주었다는 점에서 매우 큰 변화라 할 수 있다. 또한 20, 30대의 젊은 유권자들의 적극적인 참여를 통해 낡은 정당 문화를 바꿨다는 점에서도 그 의의가 크다 하겠다. 즉 당원 일부의 배타적이고 패쇄적인 행사였던 정당행사를 국민과 함께 하는 개방적이고 참여적인 행사로 바꿔놓았다.

제주에서 서울까지 16차례의 지역별 순회경선을 치르면서 경선에 대한 국민들의 관심은 점점 높아졌다. 특히 경선 과정에서 득표 상황에 큰 변화가 발생하고 이를 둘러싼 후보들 간 논쟁이 치열해지자 민주당의 국민경선은 언론의 표현대로 '흥행 대박의 16부작 정치드라마'가 되었다. 민주당 경선은 처음부터 이인제 후보의 대세론과 노무현 후보의 대안론을 대립 축으로 해서 진행되었다 경선 직전까지 영호남에서 압도적인 지지를 받고 있던 이인제 후보의 대세론은 제주 경선에서 이인제 후보가 한화갑 후보에게 패한 다음 울산 경선에서 노무현 후보에게 패배하면서 힘을 잃었고, 결정적으로 광주 경선에서 이인제, 한화갑 후보를 제치고 노무현 후보가 1위를 함으로써 노무현 대안론이 이인제 대세론을 앞지르는 최초의 반전이 나왔다.

노무현 후보 진영에서는 영남지역인 울산과 호남지역인 광주에서 영호남 통합과 국민통합에 대한 영호남 유권자들의 지지를 받게 되면서 연속 1위로 당선되었다. 민주당의 변방으로만 돌았던 '나홀로 정치인' 노무현과 달리 이인제는 동교동계의 조직적 지원을 받아 지난 4년간 차기 대선주자로서 부동의 자리를 지켜 온 후보인 만큼 노무현이 이인제를 압도한 것은 매우 놀라운 일이었다.

민주당 국민 경선에서 불기 시작한 노무현 바람은 '노풍' 이라는 새로운 단어를 만들어냈다. 이 국민 경선에는 노사모가 참여했는데 이들의 헌신적인 참여는 경선 판도를 완전히 뒤바꾼 기적을 만들어냈다. 경선 이후에도 노사모는 대선기간 동안 노란 풍선을 들고 선거운동을 하였으며 희망돼지를 통해 정치자금을

모으는 등 동분서주하였고 결국 정치인 노무현을 대통령으로 만

들었다.

더 **큰 것**을 얻으려면 **버려라**

"왕가의 품격"이라는 의미를 담고 있는 렉스턴은

"대한민국 1%" 라는 슬로건을 가지고

고객들에게 공격적으로 다가왔다.

왜 **디마케팅**인가?

소탐대실小貪大失이란 말이 있다. 작은 것을 탐하다 더 큰 것을 잃는다는 말이다. 사람들은 자신이 쥐고 있는 것을 놓지 않은 상태에서 더 많은 것을 얻으려고 한다. 여러분이 손에 골프공을 쥐고 있는 상황에서 눈앞에 야구공이 있다고 생각해보라. 야구공을 손에 쥐려면 어떻게 해야 할까? 당연히 골프공을 버리고 야구공을 집어야 할 것이다. 한 번에 두 개의 공을 쥐려고 하면 결국 두 개의 공을 다 놓치고 말 것이다.

심리 경제학자인 카네만Kahneman과 트벌스키Tversky에 의하면 인간에게는 '손실 회피loss aversion' 성향이 있다고 한다. 즉 사람들은 1,000원을 얻었을 때의 기쁨보다 1,000원을 잃었을 때의 슬픔이 더 크다고 한다. 그러므로 리더가 되기 위해서는 반드시 인간의 손실 회피 성향을 극복해야 한다.

일반적으로 마케팅이라 하면 고객의 니즈를 파악하여 기업의 목표를 달성하기 위한 교환 창출을 위해 제품/서비스, 가격, 유통, 판촉을 계획하고 실행하고 통제하는 활동을 의미한다. 따라서 기업들은 더 많은 소비자에게 선택 받기 위해 많은 마케팅 비용을 투입하며 고군분투하고 있는 것이다. 그러므로 기업이 모든 소비자를 자사의 고객으로 만들고 싶어 하는 것은 당연한 건지도 모른다. 그러나 때로는 더 큰 것을 얻기 위해 버려야 하는 경우가 있는데 이것을 "디마케팅 전략"이라 한다.

디마케팅은 기업이 의도적으로 자사 상품에 대한 수요를 감소시키기 위한 활동을 벌이는 것을 의미한다. 디마케팅은 필립 코틀러와 시드니레버가 1971년 하버드 비즈니스 리뷰Harvard Business Review에서 "디마케팅은 공급과잉과 초과수요 사이에서 심각하게 인식해야 할 경영의 화두"라고 언급하면서부터 기업들의 관심을 받게 되었다.

우리 주변에서 가장 손쉽게 볼 수 있는 디마케팅 전략은 바로 과거 나이트클럽에서 사용했던 "물水 관리" 전략이다. 몇 년 전만 해도 강남의 유명 나이트클럽에서는 손님을 차별하여 영업했는데 가령 나이가 많은 사람은 절대 받아들이지 않았다. 이유는 간단하다. "물 버린다"는 것이다. 지금 당장의 이익보다는 자신의 가게 이미지를 위해, 또 단골손님을 실망시키지 않기 위해 물 관리를 한다는 것이다.

일반적으로 기업이 디마케팅을 실시하는 목적은 크게 두 가지다. 하나는 선택과 집중을 통해 우량고객을 확보해 수익성을 극대화하는 것이고 또 다른 하나는 공익을 극대화하는 것이다. 한정된 자원을 가지고 있는 기업으로서는 모든 고객을 다 만족시킬 수는 없기 때문에 자신에게 큰 수익을 주는 고객에게 우선적으로 자원을 집중하는 것이 현명한 방법일 수 있다.

마케팅에는 '80/20 법칙'이 있는데, 이는 '파레토의 법칙'이라고도 불린다. 이 법칙은 기업들의 오랜 경영활동을 통해 체득한 경험적 법칙으로 "상위 20%의 고객이 기업 수익의 80%를 가져다 준다"는 것이다. 이 법칙에 따르면 100명의 고객을 갖고 있는 기업의 가용 자원이 100이라고 할 때 모든 고객에게 1만큼의 자원을 할당하는 것은 어리석은 행동이라 할 수 있다. 즉 자신에게 80%의 수익을 안겨주는 고객이나 20%의 수익을 안겨주는 고객이나 기업이 똑 같은 자원을 할당하는 것은 확실히 비효율적이다. "고객은 평등하지 않다"는 논리를 바탕으로 기업은 다양한 디마케팅 전략을 수행한다.

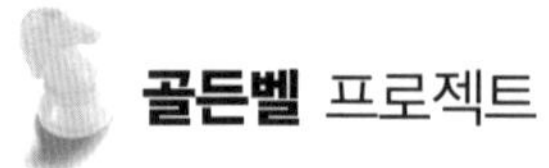

골든벨 프로젝트

1998년 4월 인터넷 경매 서비스를 시작한 옥션Auction은 창립 이래 줄곧 60% 이상의 높은 시장 점유율을 유지해왔다. 그러나 시장 점유율 1위 기업임에도 불구하고 계속 적자를 기록하고 있던 상황이었다. 또한 옥션을 통한 속칭 "카드깡"이라 불리는 카드 부정 사용, 낮은 거래 성사율 등 옥션에 대한 부정적인 인식도 높아가고 있었다. 이런 위기감으로 인해 옥션은 2002년 '골든벨 프로젝트Goldenbell Project'를 시작하였다.

먼저 판매자의 등록수수료를 높여서 낙찰가격이 작다고 판매를 취소하는 행위를 방지하도록 하였다. 또 삼진 아웃제를 도입하여 불량거래(구매거부, 판매거부, 직거래 유도, 사진도용, 허위등록 등)를 근절하도록 유도하였다. 모니터링 시스템을 도입하여 신용카드 불법거래와 불량 입찰에 대한 패턴을 분석하여 거래를 자동으로 모니터링할 수 있도록 하였다. 그리고 회원신용도를 높이기 위해 회원가입시 실명확인, 신용카드 및 회원거래 계좌의 실명을 확인하는 등 회원 신용 평가와 거래 후 당사자끼리 신용도를 평가하도록 하여 차후 거래시 거래 당사자가 이를 참고할 수 있도록 하였다. 골든벨 프로젝트를 통해 불량 거래자를 제거하는 전략을 수행한 결과 불량 거래가 감소하였고 경매 성사 금액이 상승하면서 옥션의 시장 점유율도 2003년에는 70%까지 상승했다.

 ## "대한민국 **1%** 사람만 **누려**라"

1998년 대우기업에 경영권이 인수된 쌍용 자동차는 1998년 "Y200"이라는 프로젝트명으로 개발에 착수, 3년간 약 1천 8백억 원의 개발비를 투자하여 2001년 9월 1일 '렉스턴'을 출시하였다. "왕가, 국왕"을 뜻하는 라틴어 'REX'와 "품격, 기풍"을 뜻하는 영어 'Tone'의 합성어로 "왕가의 품격"이라는 의미를 담고 있는 렉스턴은 "대한민국 1%"라는 슬로건을 가지고 고객들에게 공격적으로 다가왔다. 지금까지 많은 제품들이 고급스러운 이미지를 표현하려고는 했지만 렉스턴처럼 처음부터 대한민국 1%의 사람들만이 누릴 수 있는 제품임을 공공연하게 드러낸 제품은 없었다.

렉스턴은 "벤츠, BMW, 렉서스, 모두 타보고 오십시오"라는 세계 명차와의 직접 비교 광고를 통해 품질에 대한 자신감을 표현하기도 하였다. 당시 SUVSports Utility Vehicle에 대한 소비자 인식은 험한 지형에서 주행 능력이 뛰어나 각종 스포츠 활동에 적합한 스포츠형 다목적 차량으로 최고급 세단이 주는 고급스러움과 편한 승차감과는 거리가 멀었다. 그러나 렉스턴은 과감히 SUV가 가지고 있는 활동성과 최고급 세단이 주는 편안함을 접목한 고급 SUV 렉스턴을 출시했다. 렉스턴은 출시 후 2달 만에 1만 2천 대를 계약하는 등 프리미엄 SUV 시장의 선두주자가 되었다. 렉스턴 출시를 기점으로 SUV 차량의 고급화가 활발하게 진행되었다는 점에서 렉스턴이 미친 영향은 매우 크다. 렉스턴은 2003년까지 월 3천 대가 훨씬 넘는 판매실적을 거두며 쌍용차의 안정적인 수입원, 즉 '캐시 카우Cash Cow' 역할을 톡톡히 해냈다. 뉴렉스턴은 말레이시아와 뉴질랜드에서 '2004 최고의 SUV' 자리에 올랐다. 쌍용 자동차는 뉴체어맨과 렉스턴 등 성공적인 신차 출시로 5년 만에 워크아웃에서 벗어났고, 렉스턴은 2005년 중앙일보의 분야별 브랜드 파워 평가에서 SUV 분야 1위를 차지하기도 하였다.

# 부자고객을 집중 **공략**하라

신한은행은 2002년 9월 금융자산 10억 원, 총 자산 50억 원 이상의 고객을 대상으로 프라이빗뱅킹PB을 시작했다. 2003년 PB 수신액은 1조 3천억 원을 기록하는 등 연 100% 실적 증가세를 보였다.

굿모닝신한증권과 함께 국내 최초로 '유언·상속 관리서비스'를 도입, 유언장 작성, 보관은 물론 사후집행에서 세무처리까지 모든 서비스를 제공하고 있다. 국내에선 처음으로 '골드뱅킹'을 도입, 금실물을 매매하고 보관해주기도 한다. 이밖에도 '부동산종합관리서비스, '종합자산관리서비스' 등을 앞세워 부자고객을 집중 공략하고 있다. 미국계 금융그룹인 씨티 그룹City Group도 기존 금융자산 1억 원 이상의 고객들을 대상으로 자산관리서비스wealth management를, 순자산 50억 원(금융자산 10억 원) 이상의 고객들만을 대상으로 프라이빗뱅킹 서비스를 해주고 있는데, 서비스의 범위도 단순한 자산관리를 넘어서 부채와 리스크 관리 등 종합재무관리서비스Total Balnacesheet Management로 확대하였다.

한때 시티은행은 전 세계 부자고객 자녀를 선별, 뉴욕으로 초청하여 2주간의 차세대 리더 프로그램을 실시하기도 하였다. 또한 파리의 루이뷔통Louis Vuitton 본점은 여행객이 제품을 구입하면 여권번호를 컴퓨터에 입력해 같은 여행객이 1년 내에 다시 살 수 없도록 철저히 관리하고 있다.

 빌 코스비가 아는 성공의 열쇠

1980년대에 KBS TV에 소개되어 큰 인기를 끌었던 외화시리즈로 흑인 중상류층 가족의 일상을 유쾌하게 다룬 시트콤 '코스비 가족'을 기억할 것이다. 그 시트콤의 주인공이 미국의 유명한 코미디언 '빌 코스비William Henry Cosby Jr'다.

빌 코스비는 미국 NBC에서 1984년부터 1992년까지 방영된 장수 프로그램으로 미국 TV 시트콤 역사상 최대의 성공을 기록한 '코스비 가족The Cosby Show'에서 모범적인 아버지상을 보여주었고, 2003년 미국의 대중음악전문 케이블방송인 VH1이 발표한 가장 위대한 대중문화 아이콘 200선에서 30위, 2005년 미국인이 좋아하는 방송인 6위에 오르기도 했다. 가난 때문에 고등학교를 중퇴했지만 지금은 교육학 박사이자 자선사업가로 거듭난 코스비는 2004년 5월 전미 흑인지위향상협회NAACP에서 "흑인 청소년을 둔 부모들이 달라져야 흑인사회에 장래가 있다"는 연설을 해, 뉴욕 타임즈로부터 "빌 코스비가 흑인뿐 아니라 백인도 냉엄하게 꾸짖으며 교육의 중요성을 가르칠 수 있다면 그를 대통령으로 뽑고 싶다"는 평가를 받기도 했다. 1972년 할렘 글로브트로터Harlem Globetrotter라는 야구팀에서 단돈 1달러에 평생 계약을 한 이력이 있는 그는 2004년 7월에는 야구 명예의 전당에 헌액되는 등 미국에서 매우 성공한 코미디언이다.

빌 코스비는 유명세를 타고 많은 광고에도 출연했는데 그 중 펩시콜라 광고는 매우 재미있다. 코카콜라의 아성을 넘지 못했던 펩시는 광고모델로 누구를 쓸까 고민하다 코카콜라 광고에 출연한 적이 있는 코미디언 빌 코스비를 등장시켜 "사실 진짜로 마시고 싶었던 것은 펩시였습니다!"라는 비교 광고를 내보내 소비자들에게 회자되기도 하였다. 이렇게 미국인들에게 폭넓은 사랑을 받았던 빌 코스비는 코미디언 시절에 다음과 같은 이야기를 했다.

"나는 성공의 열쇠가 무엇인지는 모르지만, 실패의 열쇠가 무엇
인지는 알고 있다. 그것은 바로 모든 사람을 만족시키려고 하는
것이다."

빌 코스비는 자신의 유머를 좋아하는 사람과 좋아하지 않는 사
람이 존재한다는 사실을 인정하고 자신의 유머를 좋아하는 사람
을 위해 노력했고 결국 모든 사람들에게 사랑받는 코미디언이
되었다.

 가장 **아름다운** 기업인 **유일한**

유한양행의 창업자인 유일한 회장은 매년 철마다 빈번히 발생
하는 돌림병, 면허 없는 의사들의 난립, 수많은 각종 기생충, 결
핵, 학질, 피부병 환자들이 많은데도 이를 치료할 의약품이 국내
에 없다는 것을 알고 1926년에 유한양행을 설립하였다. 당시 한
참 가난했고 어려웠던 일제 치하에서 이러한 일을 도모하게 된
것은 그의 따뜻한 인간애가 아니고서는 힘들었을 것이다.

노사대립이 심했던 1987년 노사관계의 안정을 위해 활발하게 논의되었던 종업원 지주제(기업이 자사 종업원에게 특별한 조건과 방법으로 자사 주식을 분양·소유하게 하는 제도)를 유일한 회장은 이미 1939년에 실시하여 세간을 놀라게 한 적도 있다.

1969년에는 사업 일선에서 물러나면서 혈연관계가 아닌 조권순趙權順에게 사장직을 물려줌으로써 전문경영인 등장의 길을 여는 데 선구자적 역할을 하는 등 경영인의 모범이 되고 있다. 이승만 대통령의 정치 자금 요구에 대해 기업인은 깨끗해야 한다는 생각에 단호히 거절하였다. 이런 그의 원칙 때문에 1968년 세무사찰을 받기도 했지만 오히려 국세청으로부터 모범납세 업체로 선정되는 웃지 못 할 일이 벌어지기도 하였다.

평소 기업에서 얻은 이익은 그 기업을 키워 준 사회에 환원해야 한다는 사회관을 가진 유일한 회장은 유한양행 총 주식 40%를 각종 공익재단에 기증하는 등 모든 소유주식을 사회에 넘겼다. 1971년 봄에 76세를 일기로 세상을 떠나면서 나머지 모든 재산마저 공익재단에 기부하였다. 그의 유언장에는 자신의 손녀를 위한 학자금으로 자기 주식의 배당금 가운데 당시 환율로 3백만 원에 해당하는 1만 달러를 마련하고, 딸에게는 유한중학교와 유한공업고등학교 내의 묘소 및 주변 대지 5천 평을 상속하되 ‘유한동산’으로 만들어 자라나는 세대들이 마음껏 뛰어놀 수 있게 해줄 것과, 자신의 소유 주식 전부를 재단법인 ‘한국사회 및 교육신탁기금’에 기증한다는 내용과 미국에 있던 장남에게는 일체 재산을 물려주지 않고 “너는 대학까지 공부시켜 주었으니 앞으로는 자립해서 살아가라”는 유언만 남겼다고 한다.

또한 유일한 회장의 딸 유재라도 1991년 미국에서 숨을 거두며 당시로 45억 원 상당의 유한양행 주식과 시가 160억 원 규모의 서울 대방동 집터 1,008평 등 모두 205억 원을 공익재단인 유한재단에 기부했다고 한다. 유일한 회장은 1999년 월간조선에서 경제전문가 109명을 대상으로 실시한 설문조사 결과에서 국내에서 가장 존경받은 기업인으로 뽑히기도 하였다. 결국 유일한 회장은 자신이 가진 모든 것을 버림으로써 명예라는 더 큰 것을 얻었다.

디마케팅이 주는 명쾌한 교훈

선택과 집중을 통한 수익성 극대화를 목적으로 디마케팅을 실시할 때 반드시 명심해야 할 점은 선택 받지 못한 고객을 무시해서는 안 된다. 디마케팅을 잘못하면 득得보다 실失이 많을 수 있기 때문이다.

제일은행은 IMF 이후 수익성 개선을 위해 수시입출금식 예금에 이자를 지급하는 대신 월 평균 잔액이 10만 원 미만이면 월 2천 원씩 계좌유지 수수료 명목으로 공제하겠다고 발표하였다. 은행에 돈을 입금시키면 단 1원이라도 이자가 늘 것으로 믿었던 일반고객들에게는 황당한 일이 아닐 수 없었다. 그러나 제일은행의 이러한 계획은 고객 반발이 커지자 2004년 말까지 한시적으로 계좌유지 수수료를 면제시켜야 했다.

인터넷 붐이 한창이던 때에 닷컴 기업들은 네트워크 효과를 낼 수 있는 적정규모critical mass를 확보하기 위해 회원모집에 모든 역량을 집중했다. 무료 이메일, 무료 홈페이지 제공은 기본이고 심지어는 회원 가입을 하면 통장에 현금을 입금시켜준다는 닷컴 기업도 있었다. 사정이 이렇다 보니 웬만한 사람치고 웹 사이트

한두 군데에 회원으로 가입하지 않은 사람은 없다. 나중에는 자신이 어느 사이트에 회원 가입을 했는지 그나마도 기억할 수 없다. 일단 웹 사이트에서는 회원 가입을 한 사람에게 별도의 이메일 계정과 홈페이지 주소를 할당해준다. 문제는 가입회원 수에 비해 실제 활동하는 회원이 매우 적다는 점이다. 회원 관리에는 인적, 물적 자원이 소요되는데 활동하지 않는 휴면 아이디가 늘어나자 닷컴 기업 입장에서는 특단의 조치를 취하지 않을 수 없었다. 그래서 나온 것이 '휴면 ID 정리'다. 일정 기간 로그인하지 않은 고객들의 ID를 정리하고 강제탈퇴시키는 것이다. 고객 확보에 열을 올렸던 과거와 달리 무료 회원이 늘어나면서 회원들에 대한 관리 비용이 증가하자 인터넷 기업들은 무료 회원을 유료 회원으로 전환시키기 위해 모든 노력을 기울였다.

예를 들어 인터넷 커뮤니티 사이트인 '프리챌'은 2002년 유료 회원제로 전환하면서 수익성을 내지 못하는 무료 고객을 정리하고 유료 사용자 위주의 서비스를 제공한다고 하였다. 한마디로 무료 회원들을 정리하겠다는 입장을 밝혔는데, 문제는 유료 회원들에게 추가 이익additional benefit을 주는 방식이 아닌 무료 고객에게 강제 전환을 유도했다는 것이다. 그 전까지 무료로 프리챌을 이용하던 고객들은 자신들이 운영하는 사이트가 일정 기간 동안 유료로 전환하지 않으면 이용할 수 없다는 사실에 분노하였고 결국에는 집단적으로 이탈하기 시작했다. 덕분에 싸이월드와 같은 다른 커뮤니티 사이트가 그 수혜자가 되었다.

1년이 지난 후 프리챌은 다시 무료 회원들이 운영했던 커뮤니티를 복구시켜주었지만 고객은 다시 돌아오지 않았고, 한때 '아이 러브 스쿨'을 이은 국내 최대의 커뮤니티 사이트 프리챌은 고객들의 기억에서 점점 잊혀졌다. 여기서 얻을 수 있는 교훈은 기업이 선택과 집중을 위해 디마케팅을 할 때 명심해야 할 것은 수익성이 떨어지는 고객을 드러내놓고 차별해서는 안 되며 고객의 수익성을 바탕으로 차별화 서비스를 통해 일반 고객의 반감은 최소화시키고 우량 고객의 만족을 극대화해야 한다.

기업이 디마케팅을 하는 두 번째 목적은 공익을 극대화하기 위함이다. 보통 공익을 극대화한다고 하면 "흡연은 폐암 등 각종 질병의 원인이 된다", "지나친 음주는 간경화나 간암을 일으킨다"와 같이 국가에서 공익광고의 형태로 집행되는 것만을 생각할 수 있지만 기업도 공익의 극대화를 목적으로 디마케팅을 전략적으로 활용한다.

한게임은 2001년 3월 5일 최초로 유료화를 실시하였다. 이후 비실명 회원 및 6개월간 접속하지 않은 아이디를 삭제하였고, 타 회원에 피해를 줄 수 있는 매너 불량자에 대한 삼진 아웃제 도입, 게임 머니를 현금거래하는 회원 삭제, 매너 점수제를 통한 회원 간 매너 평가를 실시하는 등 불량 이용자에 대해 재제를 가하였다. 이는 기업의 자원 집중을 통한 수익의 극대화 차원에서 실행되는 디마케팅이다.

그러나 한게임은 여기서 한 발자국 더 나아가 새로운 전략을 추가했는데 바로 '연령 제한' 이다. 일단 14세 미만 회원은 프리미엄 서비스를 사용하지 못하도록 제한하였고, 19세 미만 회원의 경우에는 '플러스 틴plus teen' 이라는 별도의 서비스를 제공하되 일부 서비스에 대한 접근을 제한하였다. 비록 사회적 비난을 피하기 위해 연령을 제한했음에도 불구하고 유료 회원수는 증가하였고, 매출도 70억 원에서 200억 원으로 3배 가까이 증가하였다. 한게임에서 실시한 연령 제한뿐만 아니라 최근 온라인 게임 업체는 청소년 회원에게 부모의 동의를 얻은 시간에만 게임을 할 수 있도록 하는 시스템을 도입하기도 하였다.

사회적으로 영향력이 있는 사람이 디마케팅을 할 때는 조심해야 할 점이 있다. 위에서 언급했듯이 선택과 집중을 위해 공공연하게 디마케팅을 실시하다가 잘못하면 큰 낭패를 볼 수 있기 때문이다. 일례로 2004년 총선이 한창이던 때 한 정당 대표가 "어르신들은 투표하지 마시고 집에서 쉬셔도 됩니다"라고 했다가 비판 여론에 밀려 당 대표를 사퇴한 일은 디마케팅을 잘못 구사한 예라 하겠다.

10

불안감을 이해하라

리더는 사람들이 변화를 선택할 때 느낄 만한 후회,

즉 **"예상된 후회"** 를 상기시켜야 한다.

사람들은 본능적으로 고슴도치처럼 몸을 움츠리기 때문이다.

 ## "**해서 후회**하느니 **안 하는게** 낫다(?)"

사람들이 변화를 접할 때 느끼는 기본적인 감정은 무엇일까? 두려움일까? 아니면 설레임일까? 일반적으로 '변화'는 '불안'과 '희망'의 의미를 내포한다. 인간은 자신이 익숙한 환경에서 벗어나는 순간부터 불안해지기 시작한다. 일례로 해외여행에 오른 비행기 안에서도 설레임과 두려움을 경험해보았을 것이다.

사람들이 변화에 대해 설레임을 느끼는 경우와 두려움을 느끼는 경우의 행동은 달라진다. 그렇다면 사무엘슨Samuelson과 잭하우저Zeckhouser에 의하면 "사람들은 어떤 상황에서 의사결정을 할 때 현재 혹은 이전의 결정을 유지하려는 경향을 보인다"고 한다. 이를 심리학에서는 "현상 유지 효과status quo effect"라 한다. 사람들은 행동하지 않아서 생긴 부정적인 결과보다 행동으로 나타난 부정적인 결과에 대해 더 크게 후회하기 때문에 현상을 유지하려고 한다.

예를 들어 불확실한 주식 투자보다는 안전한 적금을 선호하고 있는 A라는 사람이 있다고 가정해보자. 갑자기 불어 닥친 벤처 열풍으로 이곳저곳에서 주식을 사서 돈을 벌었다는 소식을

들은 홍길동에게 어느 날 친구가 유망 벤처 회사를 추천해주었
다. A는 친구가 추천해준 벤처 회사의 주식을 살까말까 고민하
고 있다.

(가) A는 주식은 역시 위험하다고 생각하여 주식을 사지 않았
다. 그러나 며칠 후 주식 가격이 급등하였다.
(나) A는 위험하긴 하지만 요즘 벤처 열풍이라 주식을 샀다. 그
러나 며칠 후 주식 가격이 급락하였다.

만약 위와 같은 일이 벌어졌을 때 어떤 경우에 A가 느끼는 후
회가 더 클까? 현상 유지 효과에 따르면 A는 주식을 사지 않아서
돈을 벌 수 있는 기회를 놓친 경우 (가)보다 주식을 사서 돈을 잃
은 경우 (나)에 느끼는 후회가 더 크다고 한다.

카네만Kahneman과 밀러Miller는 "규범 이론Norm Theory"을 통해
현상 유지 효과를 설명하였는데 사람들은 현 상태를 유지하는
것이 더 "규범적normal"이라고 생각하기 때문에 쉽게 변화를 선
택하지 않는다는 것이다. 여기서 규범적이라는 것은 자신이나

타인에게 자신의 결정을 합리화하기 용이하거나 사회적으로 인정받을 수 있는 행위(판단) 기준을 의미한다. 쉽게 이야기하면 현재 상태를 유지하는 것이 기본default이라는 것이다. 그렇기 때문에 사람들을 변화에 동참시키는 일은 매우 어렵다. 만약 사람들이 변화에 대한 일말의 두려움이라도 느끼게 된다면 사람들은 본능적으로 고슴도치처럼 자신의 몸을 움츠리고 가시를 세워 자신을 보호하고자 한다.

 예상된 후회를 상기시켜라

그렇다면 규범 이론과 현상 유지 효과를 기업은 어떻게 활용할 수 있을까? 시장을 선점하고 있는 리더는 사람들에게 하나의 기준(규범)이 된다. 따라서 리더가 아닌 후발주자를 택하는 것은 사람들의 현상 유지 성향을 위협하는 것이 되기 때문에 쉬운 일이 아니다.

리더가 자신의 위치를 유지하기 위해서는 사람들이 변화를 선택할 때 경험할 수 있는 후회를 상기시켜주면 된다. 예를 들어 기능이 유사한 두 가지 제품이 있을 때 브랜드 A는 명성은 덜하지만 가격이 저렴하고, 브랜드 B는 유명한 제품이지만 가격이 비싸다면 소비자는 어떤 제품을 선호할까? 상식적으로 가격을 중요시하는 사람은 브랜드 A를 선택할 것이고, 명성을 중요시하는 사람은 브랜드 B를 선택할 것이다. 그런데 만약 선택 후에 사람들이 느낄 수 있는 후회를 상기시켜주면 결과는 어떻게 될까? 결과는 명성이 있고 가격이 비싼 브랜드 B를 사람들이 선택한다. 단지 "후회할 수 있습니다"만 상기시켜줬을 뿐인데 왜 이런 일이 벌어질까?

그것은 앞서 규범 이론에서 이야기한 것처럼 비싸지만 명성이 있는 제품(안전한)을 선택하는 것이 사람들의 규범에 더 가깝기 때문이다. 이처럼 선택 후에 느낄 수 있는 "예상된 후회anticipating regret"를 상기시키는 것만으로도 리더는 자신의 지위를 유지할 수 있게 된다.

 # SK텔레콤의 심리적 **불안감**을 이용한 전략적 **광고**

정보 통신부는 2004년 1월부터 이동통신 이용자가 통신회사를 변경하더라도 기존에 사용하던 모든 번호는 그대로 유지하면서 자신이 원하는 이동통신 회사의 요금 등 각종 서비스를 이용할 수 있는 번호이동성 제도를 실시하였다. 번호이동성 제도의 도입은 기존 전화번호가 가지는 전환비용switching cost, 번호를 바꿈으로 인해 고객이 지불해야 하는 심리적, 경제적 비용 때문에 이동통신사의 서비스가 불만족해도 쉽게 서비스 업체를 바꿀 수 없는 소비자를 보호한다는 취지였기 때문에 소비자나 후발주자인 KTF와 LG텔레콤 입장에서는 환영할 만한 일이었지만 리더인 SK텔레콤 입장에서는 엄청난 위협이 아닐 수 없었다.

정보통신부 발표에 따르면 번호이동성 제도가 실시된 이후 SK텔레콤은 154만 명의 가입자를 빼앗긴 반면 LG텔레콤은 107만 7천 명, KTF는 46만 9천 명이 증가한 것으로 나타났다. 업계 리더인 SK텔레콤의 시장 점유율은 추락했다. IT 및 비즈니스컨설팅 업체 로아그룹은 '번호이동성 제도 도입 이후의 한국 이동통신 시장 현황 및 향후 전망'이란 보고서를 통해 번호이동성 제도 도입 이전과 이후에 변화된 광고의 키워드를 발표하였다.

공격자의 입장에 있는 LG텔레콤은 "요금(할인)"이라는 경제성을 크게 부각시켰고, KTF의 경우에는 "굿 타임 찬스", "무제한 요금제"라는 놓칠 수 없는 기회와 경제성을 크게 부각시킨 반면, 방어자의 입장인 SK텔레콤은 초기에 "통화료가 싸다는 말에, 기회라는 말에 바꿀 뻔 했다"라는 메시지를 담은 광고를 내보내 고객이 이동통신사를 바꾸어서 예상될 수 있는 "후회"를 집중적으로 부각시켰다. 때로는 고객에게 주는 혜택을 강조하는 것보다는 이렇게 변화를 선택할 때 가능성 있는 후회를 인식시켜 주는 것이 더 좋은 전략이 될 수 있다.

 ## 광고 카피가 더 유명한 에이스 침대

월간 『현대경영』에 의하면 40년 전 국내 100대 기업 중 지금까지 100대 기업에 포함된 회사는 12개에 불과하며 그 중 하나가 에이스 침대다. 에이스 침대는 침대 불모지였던 우리나라에서 1963년 설립되었다. '최고가 아니면 만들지 않는다', '대충 만드

는 것은 용납 못 한다'는 이 회사의 슬로건처럼 에이스 침대는 철저한 품질 최우선주의를 표방하며 장인정신으로 침대를 만들었다.

에이스 침대에 위기가 온 것은 1990년 초반. 종합가구 업체들이 가구 시장의 침체를 극복하기 위해 침대 시장에 진입했다. 이에 에이스 침대는 계속되는 시장 점유율의 하락을 막기 위한 특단의 조치로 가장 먼저 소비자 조사를 실시했다. 소비자 조사 결과 침대 시장이 품질을 중시하는 시장, 기능과 가격을 중시하는 시장, 세트구매가 많이 이루어지는 혼수시장으로 나누어진다는 사실을 파악했다.

품질을 중시하는 시장에서 에이스 침대는 이 부분에 이미 강점을 가지고 있다고 판단, 다른 2개의 시장 중에서 목표 시장을 선정해야 했다. 침대만을 전문적으로 생산한 에이스 침대가 세트구매가 많은 혼수시장으로 진입하기는 어렵기 때문에 어쩔 수 없이 에이스 침대는 기능과 가격을 중시하는 시장을 공략하기로 하였다. 기능과 가격을 중시하는 시장에서 바로크, 보루네오와 같은 종합가구 업체와 경쟁을 해야 했던 에이스 침대는 자금력이 풍부한 종합가구 업체를 상대로 가격으로는 승부할 수 없었다. 그래서 자신들의 장점인 품질로 승부하기로 하고 단지 저렴한 가격에 혹하여 종합가구 업체의 침대를 사려고 하는 잠재 고객들을 대상으로 그 유명한 카피 "침대는 가구가 아닙니다. 과학입니다"로 광고하기 시작했다. 이 광고문안은 초등학교 학생들이 침대는 가구가 아니라는 사고적 혼동을 이유로 서울시 교육청에서 변경을 요청할 정도로 대단한 반향을 불러 일으켰다.

이 광고는 종합가구 업체 소비자를 겨냥하여 침대를 가구처럼 구입하지 말 것을 알림과 동시에 자사의 과학적인 전문 침대를 사지 않을 경우의 후회를 상기시켜줌으로써 효과적으로 소비자의 마음을 움직일 수 있었다. 결국 이 광고에 힘입어 에이스 침대는 시장 점유율을 높이 끌어올릴 수 있었다.

 ## "오사마 빈 라덴은 백악관에 숨어 있다"

앞서 말한 것처럼 사람들이 두려움을 느끼면 변화에 주저하게 된다. 2004년 미국 대선 결과만 봐도 잘알 수 있다. 막판까지 선거 전문가와 조사 기관마저 결과를 예측할 수 없어 세계의 이목

을 집중시켰던 부시와 케리 후보와의 대선 결과는 예상과는 달리 매우 싱겁게 끝났다. 미국 국민이 변화보다는 현상 유지를 선택한 것이다. 이유가 무엇일까? 그 이유는 매우 단순하다. 바로 예상된 후회 때문이다.

부시는 이라크 침공에 대한 부도덕성으로 많은 타격을 받았지만 "지금은 전쟁 중On the war" 이라는 단 한마디로 사람들의 현상 유지 성향을 자극했다. 게다가 공교롭게도 미국인의 공적인 오사마 빈 라덴이 본토를 공격하겠다고 위협하니 국민들은 새로운 대통령을 선택하는 것보다는 기존 대통령을 유지하는 게 더 안전할 것이라는 생각이 들었을 것이다. "전쟁 중에는 장수를 바꾸지 않는다"는 말은 현상 유지에서 느끼는 후회보다는 변화에서 오는 후회가 더 크다는 현상 유지 효과와 다르지 않다.

여기서 한 가지 의문은 왜 오사마 빈 라덴이 대선을 앞둔 미묘한 시점에서 미국 공격을 언급했는가 하는 점이다. "오사마 빈 라덴은 백악관에 숨어있다"라는 우스개 소리가 나올 정도로 빈 라덴은 부시의 손을 들어준 셈이 되었다. 실제 오사마 빈 라덴의 테러 위협 방송이 나간 직후 실시된 뉴스위크의 여론조사 결과 부시와 케리 후보에 대한 지지율은 50:44(표준오차 4%포인트)로

부시 후보가 6%포인트 앞서 그 전 여론조사 결과인 48:46 보다 지지율 격차가 더 커졌다. 오사마 빈 라덴 입장에서는 부시 대통령이 있어야 미국을 공격할 명분이 명확해지기 때문에 의도적으로 그렇게 했을 수도 있었을 것이다. 결국 케리 선거운동본부측은 "부시 대통령이 희대의 테러범인 빈 라덴을 체포하지 않고 이라크 전쟁에만 매달리는 바람에 씻을 수 없는 실수를 저질렀다"고 부시를 비난했지만 부시의 "지금은 전쟁 중"을 막기는 역부족이었다. 과거 우리나라에도 권력자에 의한 후회 극대화 전략은 매우 빈번하게 사용된 적이 많았다. 변화의 중요한 고비 때마다 터진 "북풍"은 사람들의 불안을 가중시켰고 결국 사람들은 변화보다는 현상 유지를 택할 수밖에 없었던 것은 결코 우연이 아니다.

 **리더**는 행복한 **고민**을 **제공**하라

변화가 좋은 것만은 아니지만 발전적 방향을 제시하지 않은 채 기득권을 유지하기 위해 인간의 불안심리를 이용하는 데 급급하

다보면 사회적으로 큰 희생을 감수해야 한다. 대표적인 예가 부당한 권력 유지를 위한 우민화 정책과 소모적인 이념논쟁이다.

사람들은 "인지적 구두쇠cognitive miser"라는 특성이 있어 복잡하게 생각하기보다는 모든 것을 단순하게 생각하고 손쉽게 결정하려는 경향이 있다. 하지만 일단 사람들의 관심이 높아지면 객관적으로 바라보게 되면서 리더에 대해 가지고 있던 단순한 환상에서 깨어난다. 그러므로 부당하게 권력을 잡은 사람들일수록 어떡해서든 국민들의 관심을 다른 곳으로 돌리기 위해 노력하기 마련이다. 대표적인 방법이 스크린screen, 스포츠sport, 섹스sex 또는 스피드speed에 의한 "3S 정책"이다. 이런 3S 정책은 전 세계적으로 부당하게 권력을 잡은 자가 국민을 마음대로 조정하기 위해 흔히 사용되었는데 자신의 권력을 유지하는 데는 효과적일지는 몰라도 사회의 발전을 퇴보시킨 요인이 된다.

또한 아직도 심심치 않게 언론을 통해 보도되는 이념논쟁의 경우 확실한 물증보다는 대체로 근거가 없거나 그럴 것이라는 개연성에 바탕을 두고 단지 사람들의 불안감에 호소하다보니 건설적인 논의는 없고 욕설만 난무하다. 결국 이런 소모적인 이념논쟁은 사람들로 하여금 내일을 준비하기보다는 과거에 집착하게 만들어 사회 발전의 저해요소가 된다.

따라서 리더는 사람이 가지고 있는 불안감을 이용해서는 안 된다. 리더 스스로 매력적인 사람이 되어 사람들로 하여금 나를 선택하지 않으면 후회할 거라는 믿음을 주어야 한다. 그럼으로써 사람들이 최악最惡과 차악次惡 중 하나를 골라야 하는 고민을 없애주고, 나아가 최선最善과 차선次善 중에서 하나를 선택해야 하는 행복한 고민을 하도록 만들어주어야 한다.

11

긍정적 프레임을 제시하라

훌륭한 리더는 동시에 훌륭한 마케터이자 이벤트 연출가여야 한다.

리더는 언제나 **준비된 희망**을 보여주어야 하며

또 그 희망을 만들어가야 한다.

왜 **긍정적**으로 **표현**해야 하는가?

우리가 흔히 긍정적인 사고를 가진 사람과 부정적인 사고를 가진 사람의 차이점은 어떤 관점에서 세상을 보느냐에 따라 확실히 드러난다. 심리학에는 "구성효과" 또는 "프레이밍 효과framing effect"라는 것이 있다. 이 효과에 의하면 상황을 표현하는 방식에 따라 사람들이 생각하는 방향도 달라지고 나아가 사람들의 선택도 달라진다고 한다. 이러한 프레이밍 효과는 카네만Kahneman과 트버스키Tversky의 기대이론prospect theory에 근거한다. 다음 예를 통해 구성효과가 어떻게 사람들의 선택에 영향을 미치는지 알아보자.

상황 : 미국에서 특이한 형태의 아시아산 질병이 발생했는데 이 질병으로 600명이 사망할 것으로 예상되는 상황에서 이 병에 대처하기 위한 두 가지 프로그램이 준비되었다. 각 프로그램에 대한 예측자료를 보면 다음과 같다.

생존형 메시지

▶ 프로그램 A가 채택되면 200명이 구제될 것이다.

▶ 프로그램 B가 채택되면 1/3의 확률로 600명이 구제되고,
2/3의 확률로 1명도 구제하지 못하게 될 것이다.

당신이라면 프로그램 A와 B 중에서 어떤 프로그램을 택하겠는가? 실제 카네만과 트버스키의 연구 결과를 보면 A를 선택한 비율이 72%이고, B를 선택한 비율이 28%로 대부분의 사람들이 프로그램 A를 선택하였다. 그러나 프로그램 A나 B 모두 구제되는 사람은 모두 200명으로 동일하다. 그렇다면 다음과 같은 경우를 살펴보자.

사망형의 메시지

▶ 프로그램 C가 채택되면 400명이 사망할 것이다.

▶ 프로그램 D가 채택되면 1/3의 확률로 1명도 사망하지 않게 되고, 2/3의 확률로 600명이 사망할 것이다.

당신이라면 프로그램 C와 D중에서 어떤 프로그램을 택하겠는

가? 연구 결과에 의하면 C를 선택한 비율이 22%, D를 선택한 비율이 78%로 나타났다. 여기서도 마찬가지로 어떤 프로그램을 사용해도 생존자는 400명으로 동일하다. 이 결과를 통해 우리가 알 수 있는 사실은 크게 세 가지다.

첫째, 프로그램 A(600명 중 200명이 산다)와 프로그램 C(600명 중 400명이 죽는다)는 동일한 상황의 이야기를 긍정적으로 표현하느냐 부정적으로 표현하느냐의 차이지만 실제 사람들이 선택할 확률은 72%와 22%로 천지 차이다. 즉 사람들은 메시지가 부정적으로 제시될 때보다는 긍정적으로 제시될 때 선택할 확률이 높다는 것이다.

둘째, 사람들은 생존형의 메시지의 경우 즉 긍정적, 이득Gain 영역에서는 불확실한 이득(프로그램 B)보다 확실한 이득(프로그램 A)을 선호한다는 것이다. 위의 예에서 보면 사람들은 확실하게 200명을 살리는 방법을 확률적으로 200명을 살리는 방법보다 선호한다. 반면 사망형의 메시지의 경우 즉 부정적, 손실loss 영역에서는 확실한 손실(프로그램 C)보다 불확실한 손실(프로그램 D)을 더 선호한다는 것이다. 위의 예에서 보면 사람들은 확실하게 200명이 사망하는 방법보다는 확률적으로 200명이 사망하는 방법을 선호한다.

　일전에 인터넷에서 개인적으로 경험한 황당하고 재미있는 이야기를 소개한다. 우연히 인터넷 게시판에서 댓글(리플)이 수없이 달린 게시물을 보았다. 무려 300개 가까이 되었는데 도대체 무슨 글이기에 사람들이 이렇게 많을 댓글을 달았을까 하고 원문을 보았다. 제목은 "제발 도와주세요" 였고 내용은 다음과 같았다. "도와주십시오. 여자 친구가 일주일 동안 새 이름 1만 가지를 알아오지 않으면 헤어지겠답니다. 제발 도와주세요." 다소 황당한 느낌이 들었으나 그렇다고 이렇게까지 많은 리플이 달린 이유에 의아해하며 첫 번째 댓글을 읽었다.

　첫 번째 댓글에는 이렇게 적혀있었다. "씹새, 씨방새"
　두 번째 댓글을 클릭하니 "공부하새"
　세번 째 댓글을 클릭하니 "노새노새 젊어서 노새"

　모든 댓글들이 하나같이 "고만하새", "일어나새"와 같은 식으로 도배되었고, 그 중에는 "영국의 고귀한 혈통 윌리암 세바스찬 1새, 2새, 3새……199새"와 같은 기발한 걸작도 있었다. 매우 놀라웠다. 이게 바로 구성효과이다. 만약 첫 번째 댓글을 단 사람이 "참새, 제비"라고 썼다면 어떻게 되었을까? 아마 이렇게 많은 댓글이 달리지도 않았을 테고 대부분은 진짜 새 이름을 썼을 것이다. 즉 첫 번째 댓글을 단 사람이 "이것은 유머야"라는 프레임을 제공하였기 때문에 그 다음 사람들의 사고의 틀이 유머로 고착화됨으로써 이런 결과가 발생한 것이다. 이것도 일종의 집단 체면인 것이다. 이처럼 어떻게 표현하느냐에 따라 사람들의 사고가 달라질 수 있기 때문에 부정적인 것보다는 긍정적으로 표현하는 것이 더 중요하다.

 ## **부정적** 프레이밍의 **위험**

앞서 말한 것처럼 세상을 어떻게 표현하느냐에 따라 사람들의 평가 및 선택은 달라진다. 그러므로 세상을 어떻게 표현하느냐는 매우 중요하다. 특히 정책을 결정하는 데에는 그 파급력을 생각할 때 백 번 강조해도 지나치지 않다.

자동차 홀짝제를 바라보는 관점의 차이

예전에 자동차 2부제(일명 홀짝제)가 시행되었을 때 개인적으로 매우 혼란스러웠던 적이 있었다. 즉 내가 생각하는 홀짝제는 홀수 날에는 홀수 번호를 단 차량이, 짝수 날에는 짝수 번호를 단 차량이 이용되어야 하는데 당시의 자동차 홀짝제는 반대로, 즉 홀수 날에는 짝수 번호 차량이 다니고, 짝수 날에는 홀수 번호 차량이 다니도록 했기 때문이다. 나는 어떻게 이런 발상이 나왔을까 생각하다 나름대로의 이유를 찾을 수 있었다.

먼저 내 입장에서 볼 때 자동차를 가지고 있는 사람이라면 대개 "언제 자동차를 이용하지?"하고 자연스럽게 생각하게 된다. "언제 자동차를 이용하면 안 되지?"라고 생각하는 사람은 별로 없을 것이다. 그렇기 때문에 사람들은 홀수 날에는 홀수 차량이 다니고, 짝수 날에는 짝수 차량이 다닐 것으로 자연스럽게 생각하게 된다.

반대로 정책을 입안한 사람의 입장에서 보자. 자동차 홀짝제를 시행한 배경에는 서울에는 자동차 통행량이 너무 많으므로 자동차 통행량을 줄여야 된다는 생각이 자리 잡고 있었을 것이다. 당연히 "언제 자동차를 집에 놔두고 다니라고 할까? 그래 홀수 날

에는 홀수 차량을, 짝수 날에는 짝수 차량을 집에 놔두라고 하면
되겠네"라고 생각했을 것이다. 그러다 보니 홀수 날에는 짝수 차
량이 다니고, 짝수 날에는 홀수 차량이 다니는 재미있는 결과가
나온 것이 아닐까? 즉 정책 입안자 입장에서는 차량 통제의 관점
에서 "홀수 날에는 홀수 차량이 쉬고, 짝수 날에는 짝수 차량이
쉬면 되겠네"라는 생각을 한 반면, 자동차 사용자 입장에서는 자
동차 사용의 관점에서 "홀수 날에는 홀수 번호를, 짝수 날에는
짝수 번호를 단 차량이 다니면 되겠네"라고 생각했기 때문에 혼
란이 생긴 것이다. 한쪽은 긍정적인 방향으로 생각(차량 이용)을
한 반면 다른 한쪽은 부정적인 방향으로 생각(차량 통제)했던 것
이다. 이처럼 정책을 입안하는 사람은 자신의 부정적 사고가 많
은 사람들에게 불편을 느끼게 할 수 있다는 점을 기억하고 자신
의 입장보다는 국민의 입장에서 긍정적인 방향으로 사고를 한
후 정책을 입안해야 할 것이다.

행정수도 이전을 바라보는 차이

2004년 신행정수도 이전 특별법은 대한민국을 논쟁의 소용돌
이로 몰아넣었다. 이 과정에서 국민들은 찬성파와 반대파로 나

누어져 격론을 치러야 했다. 비록 결론은 났지만 승자도 패자도 없는 싸움이었다. 신행정수도 이전 특별법은 노무현 대통령의 대선 공약이었고 참여 정부의 핵심 과제였던 국토 균형 발전을 위한 법이었다. 그러나 이 법이 언제부터인가 국토의 균형 발전을 이룰 것인가, 아닌가라는 긍정적 프레임은 사라지고 야당의 표현인 천도를 할 것인가, 안 할 것인가라는 부정적 프레임으로 변했다. 또 서울 시민들에게 행정수도 이전은 손실loss로 지각되었다.

이후 싸움의 양상이 충청도와 수도권으로 좁혀짐으로써 다른 지역에 사는 사람들에게는 행정수도 이전 문제가 자신과는 무관한 일처럼 되어버렸다. 결국 행정수도 이전은 전 국민의 동의를 받지 못했고, 헌법재판소에서 관습법에 따라 위헌 판결을 받음으로써 노무현 대통령은 심각한 정치적 타격을 입게 되었다. 발전적 대안의 제시 없이 행정수도 이전 추진이 아무런 성과도 거두지 못하고 끝난 이유는 국토 균형 발전이라는 긍정적 프레임이 천도냐 아니냐와 충청도와 수도권 싸움이라는 부정적 프레임으로 바뀌는 과정에서 제로섬 게임이 되었기 때문이다. 그래도 당시에는 국토 균형 발전을 위해 어떻게 할 것인가라는 논의라도 있었지만 헌법재판소의 위헌 판결 이후에는 국토 균형 발전이라는 대의는 국민들 관심사에서 사라져 버렸다.

만약 행정수도 이전을 추진하는 문제가 여당과 야당에게 처음부터 이런 식으로 진행되었으면 어땠을까? "대한민국의 수도는 서울이다. 현재 서울은 정치, 경제, 행정 수도 역할을 모두 겸하고 있다. 따라서 서울의 행정 수도 역할을 지방으로 이전하면 인구의 과밀화를 해소할 수 있고 서울이 경제 수도로서의 역할을 충실히 할 수 있을 것이다. 또한 행정수도 이전을 시작으로 지방의 수도를 육성하여 국토 균형 발전을 이루고자 한다. 한강이 대한민국의 젖줄이라면 행정 수도가 이전되는 충청은 국토 균형 발전의 젖줄이 될 것이다"라는 긍정적인 방향으로 진행되었다면 적어도 지금쯤 서울과 지방이 발전할 수 있는 많은 대안들이 나왔을 것이다.

국가 보안법을 바라보는 차이

노무현 대통령이 국가 보안법 폐지를 주장함으로써 과거에 논의되었던 국가 보안법의 개정 혹은 유지 차원보다는 진일보한 듯하다. 아마도 현 상황에서는 최소한 국가 보안법 개정의 성과는 얻을 수 있을 것이다. 다만 국가 보안법을 폐지loss해야 한다는 부정적 프레임이 기존 보수 세력이 느끼는 손실을 극대화시킴으로써 엄청난 반발을 불러왔다는 것이다. 앞서 예에서 살펴봤듯이 사람들은 확실한 손실(폐지)보다는 불확실한 손실(개정)을 선호하기 때문에 여론조사 결과는 당연히 국가 보안법 폐지에 대해 반대하는 의견이 더 많이 나올 수밖에 없다. 이런 결과는 또 하나의 불씨가 되어 소모적인 이념논쟁만 가속되었다.

만약 국가 보안법 폐지를 제안하기에 앞서 대한민국이 인권국가로 갈 것인가 아니면 비非 인권국가로 남을 것인가라는 논의가 먼저 진행되었다면 어땠을까? 그렇게 되었다면 인권 국가로 가기 위해 우리는 무엇을 할 것인가에 대한 다양한 논의들이 나왔을 것이고 그 과정에서 국가 보안법이 인권 국가로 가는 데 걸림돌이 된다면 자연스럽게 논점이 국가보안법 폐지냐 아니면 개정이냐로 옮겨갔을 것이다. 그리고 굳이 국가보안법이 아니더라도 국가권력에 의한 인권침해 등 인권에 대한 폭넓은 논의가 이루어졌을 것이다.

부정적 프레임은 세상을 둘로 나눈다는 점에서 매우 강력하지만 적이 많아진다는 단점이 있다. 왜냐하면 경쟁자는 나의 전략이 결국 자신에게 피해를 준다고 생각하기 때문에 끊임없이 저항하기 때문이다. 이러한 프레이밍을 정치에서는 "구도"라는 표현을 쓴다. 거의 6공화국까지 모든 대선은 독재와 반독재의 구도가 주를 이루었고, 이후 민주와 반민주의 구도가 진행되다가 지난 대선에는 개혁과 보수의 구도로 이어졌다. 이런 구도는 사람들로 하여금 이분법적으로 사고하도록 만듦으로써 각 후보들은 자신들의 세력을 집결시키는 힘으로 작용했다. 참여정부 이후에는 정치에 국한되었던 색깔론이 경제정책으로까지 번져 "좌파 경제정책이냐 아니냐", "좌파 정권이냐 아니냐" 등 지루한 소모전이 계속되었다.

컴퓨터 **시장**을 키우는 데 주력한 **IBM**

과거 컴퓨터 업계의 리더인 IBM은 끊임없이 경쟁사들의 공격을 받았다. 경쟁자는 때로는 가격으로 때로는 비교 광고를 통해 IBM을 치열하게 공격했다. 그러나 당시 IBM은 경쟁자의 공격에 일일이 대응하지 않았다. 오히려 IBM은 자사 컴퓨터의 장점을 알리는 데만 온 힘을 쏟았다. 왜냐하면 IBM은 컴퓨터 시장을 키우는 것만이 자신이 살 길이라고 믿었기 때문이다. 이런 IBM의 노력 덕분에 사람들은 컴퓨터를 사용하면 어떤 점이 좋은지를 알게 되었고 컴퓨터에 대해 필요성을 느끼지 못했던 소비자들도 점차 생각이 변화되기 시작했다. 컴퓨터에 대한 필요성이 확산되면서 사람들은 컴퓨터를 구매하려고 노력하였고 자연스럽게 컴퓨터 시장이 커져갔다. 결과적으로 IBM의 매출이 증가되었고 이로써 IBM은 경쟁자와 싸우지 않고도 리더의 자리를 지킬 수 있었다.

 ## 리더의 **여유**와 **자신감**을 보여준 **SK텔레콤**

아마도 우리나라에서 긍정적 프레임을 이용한 리더의 모범답안을 찾으라면 SK텔레콤을 들 수 있을 것이다. 과거 신세기 통신과 이동통신 시장에서 경쟁할 때 신세기 통신의 017은 SK텔레콤의 011을 따라잡기 위해 엄청난 자본을 투자했다. 017의 광고 중 개그맨 이창명과 김국진이 나온 "자장면 시키신 분"이라는 카피

가 생각날 것이다. 파워 디지털 017이라는 컨셉으로 지하철에서
도 마라도에서도 잘 터진다는 것을 재미있게 표현하였다. 017은
'걸면 터진다' 는 것을 알리기 위해 이창명으로 하여금 쉴 새 없
이 자장면을 들고 뛰어다니게 만들었다.

그렇다면 이 당시 011의 광고는 어땠을까? 바람 부는 다리 위
에서 연인과 이야기를 나누는 한석규에게 걸려온 전화 한 통, 스
님과 대나무 숲을 산책하는 한석규에게 걸려오는 전화 한 통 모
두 정적을 깨는 핸드폰 소리였지만 리더 011은 이렇게 이야기한
다. "소중한 사람과 함께 있을 때는 잠시 꺼두셔도 좋습니다." 한
쪽은 이곳 저곳 부산히 뛰어 다니면서 "어디서든 안 터지는 데
없다"고 홍보할 때 다른 한쪽에서는 "너무 잘 터져 가끔씩 소중
한 사람과의 만남을 방해할 수 있다"는 리더로서의 기품을 보여
주고 있다. 대단한 전략이 아닐 수 없다.

몇 년 후 017은 011에 018은 016에 합병됨으로써 리더인 011과
1위를 노리는 KTF와의 끊임없는 마케팅 전쟁이 시작되었다. 1위
를 노리는 KTF는 "KTF적인 생각이 세상을 바꿉니다"라는 슬로
건 아래 "넥타이와 청바지는 동일하다", "나이는 숫자에 불과하
다", "차이는 인정한다. 그러나 차별은 반대한다" 등 사람들의

고정관념에 끊임없이 도전한다. KTF가 세상을 바꿀 수 있다며 사람들을 독려할 때 SK텔레콤은 이렇게 이야기한다. "대한민국은 이미 새로워지고 있습니다." KTF가 변화를 위해 사람들의 행동을 촉구하는 스타일이라면 SK텔레콤은 세상은 이미 변하고 있으니 동참하면 된다는 식으로 행동을 유도하고 있다.

리더에게 필요한 것은 채찍이 아니라 당근, 즉 희망을 줄 수 있는 자신감이다. 여유와 자신감이 있어야 이처럼 긍정적 프레임을 생각해낼 수 있다. 신세기 통신과의 합병으로 신규 고객을 받을 수 없는 상황이 되었을 때도 SK텔레콤은 "굳이 011이 아니어도 좋습니다"라는 광고로 승자의 여유를 보여주었다.

 ## 박정희가 리더로서 인정받는 이유

역대 대통령의 평가 중 가장 논란이 많은 대통령은 아마 박정희 대통령일 것이다. 독재자라는 멍에와 함께 경제 발전을 이루어 대한민국을 가난에서 벗어나게 한 업적이 공존하기 때문이다. 재미있는 것은 역대 대통령 중 박정희 대통령의 인기가 최고

라는 점이다. 한국갤럽이 2004년 6월에 창사 30주년을 기념해 '한국인이 가장 좋아하는 40가지' 란 주제로 특별 기획 여론조사를 실시했는데 전·현직 대통령 중에서 가장 좋아하는 사람으로 응답자의 절반가량인 47.9%가 박정희 전 대통령을 선택했다. 박 전 대통령은 10대를 제외하고 전 연령층에서 선두였고 2·3위는 김대중 전 대통령(14.3%)과 노무현 대통령(6.7%)이 차지했으며 그 다음은 전두환(1.7%), 이승만(1%), 김영삼(1%) 전 대통령이 차지했다.

독재자라는 불명예스러운 칭호에도 불구하고 박정희 전 대통령이 아직까지도 리더로 남을 수 있었던 데는 크게 두 가지 이유가 있다. 첫째는 집권 중에 사망하였기 때문에 다른 대통령처럼 퇴임 이후의 비참한 모습을 보이지 않았기 때문이다. 이승만 대통령처럼 4·19 의거에 의해 하야하지도 않았고, 전두환, 노태우 대통령처럼 5·18 광주 학살과 부정 축재로 재판을 받지도 않았으며, 김영삼, 김대중 대통령처럼 아들 문제로 고초를 겪지도 않았다. 둘째, 박정희 대통령은 긍정적인 프레임으로 국민들을 통합시키고 국민들에게 희망을 주었다는 점이다.

많은 사람들이 "잘살아보세" 라는 노래를 기억할 것이다. 가끔

TV 드라마에서도 이 노래를 심심찮게 들을 수 있는데, 새마을 운동에 사용된 프레임은 매우 간단하다. 국민들에게 "가난에서 벗어날 것인가gain" 아니면 "계속 이렇게 굶주릴 것인가non-gain"라는 것이다. 그 상황에서는 어느 누구도 가난에서 벗어나고 싶은 마음이 간절했을 것이다. 이렇게 세워진 긍정적 프레임은 많은 사람들로 하여금 전 국민적인 동참을 가져왔고 이후 한강의 기적을 만드는 밑거름이 되었다. 물론 이런 국민적 동참이 자발적이었는지 강제적이었는지는 논란이 있을 수 있지만 결과적으로 국민들에게 '하면 된다'는 의식을 심어줬다는 면에서 높이 평가되고 있다.

준비된 희망을 만들어가는 거스 히딩크

2002년 대한민국을 열광하게 만든 사람은 단연 거스 히딩크 감독일 것이다. 1967년 21세에 네덜란드의 2부 리그에서 프로 생활을 시작한 히딩크는 이후 5년 동안 미드필더로 활약한 후 1983년 아인트호벤 감독이 되었다. 감독이 된 후 아인트호벤을 국내 리그에서 3연속 우승으로 이끌었고 1988년에는 정규 리그, FA컵, 유럽 챔피언스 리그를 동시에 휩쓸어 명감독으로 주목을 받기 시작하였다. 1995년부터 네덜란드 국가대표팀 감독을 맡아 1998년 프랑스 월드컵에서 네덜란드를 4강에 올리며 이름을 떨쳤다. 당시 히딩크 감독은 우리나라에게 0:5라는 패배의 아픔을 주기도 하였다.

2001년 1월부터 정식으로 한국대표팀 감독을 맡은 그는 월드컵 국제무대에서 경쟁력을 갖춘 팀으로 거듭나게 하기 위해 유럽 강팀과의 경기를 고집했다. 패배가 계속되자 한때 "오대빵"이라는 별명이 붙기도 하였고, 네티즌들은 그를 광고모델로 한 카드사의 광고카피인 "just one"을 "한 골만"이라고 패러디하기도 했다. 각종 언론은 그의 애정사를 들먹이며 원색적인 비난을 퍼붓기도 하였다. 국내 축구 전문가들도 "베스트 11을 정해 전술훈련을 반복하라"며 몰아세웠지만 그는 "좋은 경험을 쌓는 것이 중요하므로 패배에 개의치 않는다"며 자신의 계획을 밀고나갔다.

그는 팀 내의 연령서열을 파괴하고 자율경쟁과 원활한 의사소통을 강조하며 한국 축구를 조금씩 변화시켰고 결국 월드컵 4강

신화를 창조했다. 단순히 4강 신화를 창조해서가 아니라 대표팀 감독을 맡고 나서 월드컵이 끝날 때까지 보여준 모습을 볼 때 히딩크 감독은 세상을 긍정적으로 표현하고 사람들에게 희망을 주는 자질이 뛰어난 리더이다. 이런 긍정적 사고는 그가 네덜란드 신문과 가진 한 인터뷰를 통해 극명하게 나타난다.

"유럽 톱 클라스 선수들은 스스로의 생각이 강하고 개성이 탁월하다. 하지만 그들 사이에는 프로라는 의식이 있을 뿐 하나의 팀으로서, 아니 한 국가를 대표하는 스포츠 선수로서의 사명감은 많이 떨어지는 것이 사실이다. 월드컵이란 무대는 자신들의 몸값을 높이기 위한 수단에 지나지 않는 선수들도 많이 봤다. 하지만 한국 선수들은 월드컵 그 자체를 영광으로 생각하고 있으며 그 무대에서 뛰기 위해선 무엇이라도 할 수 있다는 자세를 보였다. 실력이 떨어지면 남보다 더한 노력으로 이를 보충하면 된다. 가장 중요한 것은 스스로 하고자 하는 의지다. 그런 점에서 한국 선수들은 세계 어느 나라의 선수들보다 우월하다. 그러한 한국 축구의 기본 잠재력은 내가 일찍 경험해 보지 못한 것이었으며 내 스스로를 더 채찍질하는 계기가 됐다. 나는 한국 선수들을 대단히 사랑한다. 그들의 순수함은 나를 들뜨게 한다."

그는 단점보다 장점을 먼저 본다. 이런 한국 선수들의 열정을 믿었기 때문에 그는 강도 높은 체력 훈련을 실시할 수 있었다. 이런 사명감을 가진 선수들이라면 아무리 강도 높은 체력 훈련이라도 따라줄 수 있을 거라 믿었기 때문이다. 그는 인터뷰하는 내내 패배에 대해 변명하거나 선수들의 능력을 비난하지 않았다. 최근 본프레레 감독이 경기 후 선수들을 비난한 것과는 대조적인 모습이다. 그럼 그가 어떻게 세상을 보고 어떻게 희망을 만들어갔는지 그의 말을 통해 살펴보자.

"현재 대표팀의 16강 진출 가능성은 50%다. 앞으로 하루에 1%씩 향상시켜 월드컵 개막과 함께 100%로 만들겠다. 6월 초 우리 팀의 모든 힘이 폭발하게 될 것이다."

_2002년 4월 9일 기자회견에서

"오늘과 같은 상태라면 한국은 월드컵 이후에도 아시아를 지배할 것이다. 세계는 우리를 얕잡아보지만 우리는 세계를 놀라게 할 준비가 돼 있다."

_2002년 5월 16일 스코틀랜드와의 평가전에서 4:1로 대승한 뒤

"흥분된다. 이게 얼마 만에 맛보는 느낌인가. 모든 준비는 끝났다. 이제 월드컵을 즐겨보자. 우리는 그동안 열심히 했다. 경험도 많이 했다. 우리가 해온 만큼만 플레이한다면 좋은 결과가 나올 것이다. 한국 선수들은 결코 후퇴하지 않을 것이다. 우리는 그동안 공격수와 수비수의 구분이 없는 토털사커를 연마해왔다. 우리 선수들이 주도권을 잡고 경기를 컨트롤한다면 이길 수 있다. 팬들은 우리가 어떤 결과를 내는지와 상관없이 대회 끝까지 우리를 성원해줄 것으로 믿는다."

_2002년 6월 4일 첫 경기인 폴란드전을 앞두고

"1차 목표를 이루었지만 나는 아직 배가 고프다"

_2002년 6월 15일 이탈리아와의 16강전을 앞두고

어찌보면 히딩크, 그는 훌륭한 마케터이며 이벤트 연출가일지 모른다. 그러나 중요한 것은 그가 보여주는 희망은 언제나 준비

된 희망이라는 것이다. 그는 희망을 말하는 것을 넘어서 희망을 만들어간다는 점에서 훌륭한 리더인 것이다.

 **긍정적** 프레이밍을 통해 **비전**을 제시하라

새마을 운동, 금 모으기 운동, 월드컵 거리 응원의 공통점은 무엇일까? 바로 연령, 세대, 지역을 불문하고 국가를 위해 하나로 뭉쳤다는 점이다. 경제 재건을 위해, IMF 환란 극복을 위해, 월드컵 4강을 위해 국민들이 자발적으로 참여했다는 점에서 외신에 화제가 되기도 하였다. 위의 사례는 대한민국의 역동적인 힘을 보여주는 매우 좋은 사례임에도 불구하고 이를 국가적 이미지를 높이는 데 효과적으로 활용하지 못했다.

일례로 2005년 세계적인 국가이미지 조사기관인 미국의 안홀트 GMI사가 발표한 국가 브랜드 파워에서 대한민국은 25개국 중 20위를 차지하였다. 안홀트 GMI사는 세계 각국의 소비자 1만 명을 대상으로 수출 및 상품 브랜드 경쟁력, 정부, 관광, 투자 및 거주 선호도, 국민, 문화유산 등 6개 분야에 대해 종합점수를 발표했는데, 우리나라는 브라질(15위), 멕시코(16위), 이집트(17위), 인도(18위), 폴란드(19위)에 이어 20위를 차지하였다. 조사에 참석한 많은 소비자들이 대한민국과 북한을 구별하지 못하고 있다고 한다.

또한 2005년『월간중앙』이 한국이미지커뮤니케이션 연구원과 공동으로 미국·일본·중국의 오피니언 리더 600명에게 한국이 얼마나 투명하다고 느끼는지를 물어본 결과 미국인, 일본인, 중국인 다음 순서로 한국의 투명성에 대해 매우 낮게 평가했다. 특히 미국인의 60.5%가 한국의 대표적 이미지로 한국전쟁을 떠올렸다고 한다. 물론 '전통 문화와 첨단 기술이 공존하는 나라', '한류', '역동적인 나라' 같은 긍정적 이미지도 있지만 한편으로 '북한 핵', '거리시위', '노사분규', '거칠고 충동적인 나라'와 같은 부정적인 이미지도 함께 나타났다. 이런 측면에서 살펴볼 때 현재 국가 슬로건으로 쓰고 있는 "다이나믹 코리아"라는 말은 외국 사람들에게 오해를 불러일으킬 소지도 다분하다. 왜냐하면 남북이 분단된 상황에서 '역동성'을 나타내는 다이나믹이라는 단어는 외국인에게 자칫하면 "뭔가 불안한, 안정적이지 않은" 의미로 인식될 가능성이 있기 때문이다.

현재 대한민국의 국가브랜드는 브랜드 인지도 측면에서도 매우 낮을 뿐 아니라 이미지 측면에서도 불안정한 실정이다. 이런 측면에서 국민들에게 지침이 되고 외국 사람들에게 대한민국을 알릴 수 있는 국가의 컨셉을 개발하는 일이 시급하다. 예를 들어 국가 투명성을 높이고 불확실한 상황을 극복하기 위해서는 다른 어떤 것보다도 대한민국이 예측가능한 나라여야 한다. 따라서 "스탠더드! 코리아Standard! Korea"라는 개념도 고려해볼 수 있다.

언제부터인가 우리 사회는 원칙 의식이 실종된 사회가 되었다. 수많은 편법과 특혜가 판치다보니 원칙을 강조하는 사람이 소신 있는 사람으로 인정받기는 커녕 "융통성 없는 사람", "꽉 막힌 사람" 등 부정적인 의미로 표현되고 있는 것이 사실이다.

우리가 제일 먼저 해야 될 일은 자기가 맡은 부분에 있어 원칙을 지키는 사람을 존경하고 대우해주는 사회적 분위기를 만드는 것이다. 한 TV프로그램의 '칭찬합시다' 코너처럼 원칙과 질서를 지키는 사람을 찾아서 "스탠더드 코리안"으로 명명해주고, 훈장이 되었건 배지가 되었건 다른 사람들이 그 사람을 알아볼 수 있는 상징물을 제공해줌으로써 자부심을 느끼게 해준다면 지금보다 훨씬 공정한 사회가 될 수 있을 것이다.

스탠더드 코리아는 한국 사회를 바꾸는 데뿐만 아니라 세계 속의 한국을 알리는 방법으로도 활용될 수 있다. 한강의 기적을 통해 보여준 "경제 발전의 표준economic standard", IT 강국으로 얻은 "정보 통신의 표준IT standard", 김치와 된장 고추장과 같은 "발효 음식의 표준fermented food standard", 남북 화해를 통한 "평화의 표준peace standard" 등 그 소재는 무궁무진할 것이다.

기업뿐만 아니라 국가도 이미지를 관리해야 한다. 따라서 리더는 긍정적 프레임을 통해 비전을 제시하고 이를 달성하기 위해 노력함으로써 긍정적 이미지의 국가 브랜드를 만들어야 할 것이다.

위기를 기회로
활용하라

누구에게나 위기의 순간이 찾아온다.

그러나 그 **위기**를 **기회**로 만드느냐 아니면 **위험**으로 만드느냐는

전적으로 자신의 노력에 달려있다.

위기가 기회인 이유

고사성어 중 전화위복轉禍爲福이라는 말이 있다. 이 말은 두 가지 의미를 내포하고 있는데 화를 바꾸어 복이 되게 하거나 화가 바뀌어 오히려 복이 된다는 뜻이다. 이처럼 전화위복에는 화를 바꾸어 복이 되게 한다는 적극적인 의미가 내포되어 있다. 또한 우리가 흔히 말하는 위기危機라는 말에는 위험危險과 기회機會라는 두 가지 상반된 의미를 내포하고 있다. 사람들에게는 누구나 위기의 순간이 찾아온다. 그러나 그 위기를 기회로 만드느냐 아니면 위험으로 만드느냐는 전적으로 자신의 노력에 달려있다.

예를 들어 1970년에서 1979년까지 세 차례에 걸친 석유 파동, 일명 "오일쇼크"를 겪으며 세계 경제는 위기를 맞았다. 특히 석유를 주원료로 하는 일본 자동차 기업이 맞은 타격은 엄청났다. 그러나 일본 자동차 기업은 오일쇼크라는 위기 상황에서 새로운 기회를 찾아냈다. 그들이 찾은 기회는 다름 아닌 향후 소비자가 에너지 소비가 적은 상품을 선호할 것이라는 분석에 있었다. 새로운 기회를 찾은 일본 자동차 기업은 다른 나라보다 더 빨리 연료 절약형 자동차 개발에 몰두, 연료 절약형 소형차를 개발하여 미국 시장을 점령할 수 있었다.

　최근에 기업은 물론이고 테러 위협을 받고 있는 국가의 경우에도 가장 중요시하는 것이 바로 '위기 관리 시스템' 이다. 위기는 미리 막는 것이 제일 중요하지만 일단 위기가 발생하면 위기를 최소화해야 할 뿐 아니라 그 위기를 통해 새로운 기회를 찾아야 한다는 측면에서 위기 관리 시스템의 의의가 있다. 위기는 위험과 기회라는 양면성을 가지고 있다는 것을 기억해야 할 것이다.

 ## 독극물 담긴 타이레놀

　1982년 9월 존슨 앤 존슨Johnson and Johnson은 엄청난 위기를 맞았다. 바로 시카고에서 7명의 시민들이 타이레놀 캡슐을 먹은 후 사망했기 때문이다. 누군가 고의적으로 타이레놀에 유해물질을 첨가했다는 것이다. 이 사건이 터지자 타이레놀의 홍보 담당 이사인 니펜은 즉시 제임스 부르크James E. Burke 회장에게 이를 보고하였고, 이 보고를 받은 회장은 즉시 모든 업무를 중단하고 이 위기를 극복하기 위해 위기 관리팀을 구성하였다.

존슨 앤 존슨은 타이레놀로 인한 더 이상의 인명 피해를 막기 위해 타이레놀의 생산과 유통을 모두 중단하였고 시중에 판매되고 있거나 이미 판매된 타이레놀을 전량 회수하였다. 또한 사건이 일어난 장소 가까이에 사고대책본부를 설치하여 신문과 방송기자 및 고객들의 문의에 신속히 대응하도록 조치를 취하는 한편 연방조사단과 협조하여 유해물질 첨가 혐의가 의심되는 범인을 체포할 경우 현상금으로 10만 달러를 내걸었다. 이 모든 조치들이 사고 발생 이후 1시간 30분 안에 신속하게 이루어져 세인들을 매우 놀라게 했다.

이 사건 직후 타이레놀의 시장 점유율은 37%에서 6%로 급격하게 떨어졌다. 그러나 회사가 신속하게 대처하면서 대부분의 시민들로부터 이 사건에 직접적인 책임이 없다는 평가를 받을 수 있었다. 뿐만 아니라 존슨 앤 존슨은 단순히 사고 수습에 그치지 않고 타이레놀에 이물질이 투여되는 것을 방지할 수 있는 새로운 용기를 제작함은 물론 부르크 회장이 직접 '60 Minutes' 라는 CBS 뉴스쇼에 출연하여 존슨 앤 존슨은 타이레놀의 안전성 확보에 최선을 다하고 있음을 소비자들에게 적극적으로 알렸다. 그 결과 존슨 앤 존슨은 사건 발생 1년 만에 타이레놀의 시장 점유율을 사건 전으로 끌어올린 것은 물론이고 소비자들로부터 전폭적인 신뢰를 얻게 되었다. 또한 1983년에는 미국의 PR 협회로부터 사회적 책임에 대한 의지를 보여주었고 사건에 적절히 대응한 데 따른 공로로 상을 받기도 하였다.

 ## 대마초 사건을 **기회**로 **활용**한 영원한 오빠 **조용필**

국내 가요계를 이야기할 때 빠지지 않는 두 사람이 있다. 바로 조용필과 서태지다. 서태지는 "문화대통령"이라는 칭호를 받으며 1990년대 대중음악을 이끈 혁명가였다면, 조용필은 '민족혼을 부르는 가수', '가왕歌王', '영원한 오빠'로 1980년대 대중음악을 이끈 혁명가였다. 가수 조용필에게는 언제나 '국내 가수 최초'라는 수식어가 따라 다닌다. 음반 판매뿐 아니라 국내 가수 최초로 미국 카네기홀 단독 공연(1981년), 중국 공연(1988년), 예술의 전당 오페라 극장 공연(1999년), 북한 공연(2005년)을 한 대한민국 음악계의 거장이라 할 수 있다.

조용필은 '돌아와요 부산항에'라는 노래로 1976년에 가수로

데뷔하였다. 당시 재일동포 모국 방문이라는 시기와 절묘하게 맞물리면서 부산에서 시작된 인기가 서울로 올라오며 전국을 휩쓸었다. 그러나 호사다마라고 할까? 신인가수로 막 이름을 알리기 시작할 무렵 조용필이 대마초 가수라는 투서가 들어왔다. 결국 1975년 12월 대마초 파동이 연예가를 휩쓸었을 때 무명시절에 대마초를 몇 차례 피운 이유로 구속되었다. "당시 남산의 지하 취조실에 끌려가 주전자 고문 등 갖은 고문을 당했다. 인간 이하의 취급을 당한 절망감에 이 땅을 뜨고 싶었다"고 고백할 정도로 그에게는 힘든 나날이었다.

대마초 사건 이후 활동금지 상태에서 그는 음악인생이 끝났다는 생각으로 좌절의 시간을 보내고 있을 무렵 우연히 '한 오백년'을 듣고 피나는 발성연습에 들어갔다. 원래 미성美聲인 그는 자신의 목소리로는 흑인 음악이나 록 음악을 하기가 힘들다는 것을 깨닫고 허스키한 목소리를 만들기 위해 목소리를 바꾸는 훈련을 시작해 반 년 가까이 전국 각지를 돌아다녔다. 수차례 피를 토하며 연습한 끝에 3옥타브 5음계까지 음폭을 넓혔고 탁성濁聲과 가성假聲까지 겸비한 자신만의 창법을 개발하였다.

1979년 방송에 복귀한 그는 '창 밖의 여자'로 서울국제가요제

금상 수상(1980년), 7년 연속 MBC 10대 가수왕 수상(1980~1986), KBS 방송가요대상(1980~1985) 등 자신만의 독주시대를 만들어나 갔다. 결국 그는 대마초 사건을 전화위복의 기회로 삼아 새로운 목소리로 자신을 새롭게 탄생시켰기 때문에 1980년대에 가요계 를 평정할 수 있었다.

 **자신**이 만든 회사에서 **쫓겨**난 애플 CEO **스티브 잡스**

1955년 샌프란시스코 주에서 태어난 그는 동료인 워즈니악 Wozniak과 1976년 동업으로 애플컴퓨터Apple Computer를 설립하였 다. 20살의 스티브 잡스Stieves Jobs는 부모가 내준 차고에서 사업 을 시작, 10년이 지난 후 애플은 자산이 20억 달러에 4천 명의 직 원을 가진 회사로 성장했다.

최초의 퍼스널 컴퓨터 애플을 출시한 그는 이미 이십대 중반에 세계적인 거부이자 실리콘 벨리의 '무서운 아이'가 되었다. 닷 컴 붐이 한창일 당시에는 해마다 연평균 150% 성장이라는 경이 로운 기록을 세웠고 또 다시 매킨토시라는 사용자 친화적인, 유연한 개념의 새로운 컴퓨터를 내놓았다. 그러나 스스로 가장 훌륭한 발명품이라고 생각하는 맥킨토시 컴퓨터를 출시한 그가 자신이 만든 회사에서 해고를 당한다. 그때 그의 나이 30살이었다. 납득하기 힘든 이 일의 전후사정은 이렇다.

애플의 규모가 커지면서 스티브 잡스는 새로운 직원들을 충원했다. 그러나 새로 고용한 사람과 미래에 대한 관점이 달랐고 서로 갈등하기에 이르자, 결국 그는 새로운 고용인을 지지한 이사회에 의해 쫓겨날 수밖에 없었다. 자신의 전부였던 모든 것들이 사라지자 그는 절망에 빠졌다. 몇 달 동안 자포자기에 빠져 있던 그는 어느 날 자신이 여전히 일을 사랑하고, 모든 것을 새롭게 다시 시작할 수 있다는 것을 깨닫게 된다.

그 후 그는 '넥스트스톱Nextstop'이라는 회사를 세워 1986년에 '픽사Pixar'를 인수하였다. 픽사를 이끌며 그는 1995년 세계 최초로 컴퓨터 애니메이션 영화인 '토이스토리toy story'를 성공시켜 픽사를 세계에서 가장 성공적인 애니메이션 회사로 성장시켰다. 1996년 적자에 허덕이던 애플이 넥스트스톱을 인수할 때 그는 경영 컨설턴트로 복귀하였고 이후 최고경영자 자리로 복귀하면서 10억 달러의 적자를 내던 회사를 1년 만에 4억 달러의 흑자세를 기록하는 기업으로 만들었다.

애플에서 쫓겨난 지 15년, 그의 나이 마흔 다섯에 쓰러져가는 애플로 다시 돌아온 그는 CD롬을 장착한 아이맥iMac, 현재 전 세계의 MP3 시장을 석권하고 있는 아이포드iPod, 그리고 유료 온라인 음악의 교과서인 '아이튠스iTunes'를 히트시키며 화려하게 부활하였다. 그는 2005년 영국의 스탠포드 대학교 졸업식 축사에서 자신의 성공담에 대해 다음과 같이 말했다.

"내가 애플에서 해고되지 않았더라면 내가 겪은 일 중 어떤 것도 일어나지 않았을 것이라고 나는 확신합니다."

■□
□**감사의 글**

수년 동안 마케팅 관련 강의를 하면서 가졌던 나의 화두는 "마케팅이란 무엇인가?" 였다. 마케팅을 전공하는 사람이 마케팅의 정의를 고민한다는 것은 아이러니일 수도 있다. 물론 "마케팅이란 기업 목표를 달성할 수 있도록 교환 창출을 위한 아이디어, 제품, 그리고 서비스의 개발, 가격 결정, 촉진 그리고 유통을 계획하고 실행하는 과정이다"라고 배워왔다. 내가 원하는 답은 아니다.

나는 "마케팅은 나를 선택하게 만드는 마술이다"라고 생각한다. 왜 마케팅은 마술일까? 우리는 흔히 마술을 보며 신기하다고 생각하지만 실제 우리를 놀라게 하는 마술에는 과학이 숨어있다. 또한 과학을 마술로 승화시키기 위해서는 많은 창의력 Creativity이 필요하다. 과학과 창의력의 집합체인 마술을 관객에게 효과적으로 전달하기 위해서는 사람의 심리를 적절히 활용할 줄

아는 능력도 필요하다. 마케팅도 마술이다. 다만 우리가 알고 있는 마술과 다른 점은 바로 마술은 환상이지만 마케팅은 실상이라는 점이다. 그러기 때문에 실상, 즉 제품 또는 서비스가 뒷받침되지 않는 한 소비자에게 선택 받는 것은 불가능하다. 마술의 최종 목표가 즐거움이라면 마케팅의 최종 목표는 선택이다. 바로 여기에서 리더가 되는 과정과 최종 목표가 결국 마케팅의 그것과 동일하다.

이 책은 세계와 국내에서 또는 후삼국 시대로부터 최첨단 하이테크 시기에 이르기까지 대박 히트를 친 마케팅 사례에서 리더에게 필요한 전략을 12가지로 추출했다. 공격 전략도 있고 수비 전략도 있다. 또한 리더가 되기 위한 시장선점 전략도 있고 리더로 끝까지 살아남는 전략도 있다. 이 책은 끊임없이 나를 향상시키고 미래의 비전과 희망을 만들어가는 직장인들을 위해 자료와 정보를 모아서 집필했다. 특히 앞으로 이 치열한 경쟁사회에서 리더를 꿈꾸고, 리더로 살아남아야 할 사람들을 위한 책이다. 그들에게 유익하고 재미있게 읽혀지기만을 바랄 뿐이다.

끝으로 언제나 나를 믿고 격려해준 부모님과 가족들, 그리고 결혼을 앞둔 내 신부에게 이 책을 바친다.

2005년 10월

곽준식